INDONESIANO
VOCABOLARIO

PER STUDIO AUTODIDATTICO

ITALIANO-
INDONESIANO

Le parole più utili
Per ampliare il proprio lessico e affinare
le proprie abilità linguistiche

3000 parole

Vocabolario Italiano-Indonesiano per studio autodidattico - 3000 parole
Di Andrey Taranov

I vocabolari T&P Books si propongono come strumento di aiuto per apprendere, memorizzare e revisionare l'uso di termini stranieri. Il dizionario si divide in vari argomenti che includono la maggior parte delle attività quotidiane, tra cui affari, scienza, cultura, ecc.

Il processo di apprendimento delle parole attraverso i dizionari divisi in liste tematiche della collana T&P Books offre i seguenti vantaggi:

- Le fonti d'informazione correttamente raggruppate garantiscono un buon risultato nella memorizzazione delle parole
- La possibilità di memorizzare gruppi di parole con la stessa radice (piuttosto che memorizzarle separatamente)
- Piccoli gruppi di parole facilitano il processo di apprendimento per associazione, utile al potenziamento lessicale
- Il livello di conoscenza della lingua può essere valutato attraverso il numero di parole apprese

T&P Books Publishing
www.tpbooks.com

ISBN: 978-1-78616-502-2

Questo libro è disponibile anche in formato e-book.
Visitate il sito www.tpbooks.com o le principali librerie online.

VOCABOLARIO INDONESIANO
per studio autodidattico

I vocabolari T&P Books si propongono come strumento di aiuto per apprendere, memorizzare e revisionare l'uso di termini stranieri. Il vocabolario contiene oltre 3000 parole di uso comune ordinate per argomenti.

- Il vocabolario contiene le parole più comunemente usate
- È consigliato in aggiunta ad un corso di lingua
- Risponde alle esigenze degli studenti di lingue straniere sia essi principianti o di livello avanzato
- Pratico per un uso quotidiano, per gli esercizi di revisione e di autovalutazione
- Consente di valutare la conoscenza del proprio lessico

Caratteristiche specifiche del vocabolario:

- Le parole sono ordinate secondo il proprio significato e non alfabeticamente
- Le parole sono riportate in tre colonne diverse per facilitare il metodo di revisione e autovalutazione
- I gruppi di parole sono divisi in sottogruppi per facilitare il processo di apprendimento
- Il vocabolario offre una pratica e semplice trascrizione fonetica per ogni termine straniero

Il vocabolario contiene 101 argomenti tra cui:

Concetti di Base, Numeri, Colori, Mesi, Stagioni, Unità di Misura, Abbigliamento e Accessori, Cibo e Alimentazione, Ristorante, Membri della Famiglia, Parenti, Personalità, Sentimenti, Emozioni, Malattie, Città, Visita Turistica, Acquisti, Denaro, Casa, Ufficio, Lavoro d'Ufficio, Import-export, Marketing, Ricerca di un Lavoro, Sport, Istruzione, Computer, Internet, Utensili, Natura, Paesi, Nazionalità e altro ancora ...

INDICE

Guida alla pronuncia   8
Abbreviazioni   9

CONCETTI DI BASE   10

1. Pronomi   10
2. Saluti. Convenevoli   10
3. Domande   11
4. Preposizioni   11
5. Parole grammaticali. Avverbi. Parte 1   12
6. Parole grammaticali. Avverbi. Parte 2   13

NUMERI. VARIE   15

7. Numeri cardinali. Parte 1   15
8. Numeri cardinali. Parte 2   16
9. Numeri ordinali   16

COLORI. UNITÀ DI MISURA   17

10. Colori   17
11. Unità di misura   17
12. Contenitori   18

I VERBI PIÙ IMPORTANTI   20

13. I verbi più importanti. Parte 1   20
14. I verbi più importanti. Parte 2   21
15. I verbi più importanti. Parte 3   21
16. I verbi più importanti. Parte 4   22

ORARIO. CALENDARIO   24

17. Giorni della settimana   24
18. Ore. Giorno e notte   24
19. Mesi. Stagioni   25

VIAGGIO. HOTEL 28

20. Escursione. Viaggio 28
21. Hotel 28
22. Visita turistica 29

MEZZI DI TRASPORTO 31

23. Aeroporto 31
24. Aeroplano 32
25. Treno 33
26. Nave 34

CITTÀ 36

27. Mezzi pubblici in città 36
28. Città. Vita di città 37
29. Servizi cittadini 38
30. Cartelli 39
31. Acquisti 40

ABBIGLIAMENTO E ACCESSORI 42

32. Indumenti. Soprabiti 42
33. Abbigliamento uomo e donna 42
34. Abbigliamento. Biancheria intima 43
35. Copricapo 43
36. Calzature 43
37. Accessori personali 44
38. Abbigliamento. Varie 44
39. Cura della persona. Cosmetici 45
40. Orologi da polso. Orologio 46

L'ESPERIENZA QUOTIDIANA 47

41. Denaro 47
42. Posta. Servizio postale 48
43. Attività bancaria 48
44. Telefono. Conversazione telefonica 49
45. Telefono cellulare 50
46. Articoli di cancelleria 50
47. Lingue straniere 51

PASTI. RISTORANTE 53

48. Preparazione della tavola 53
49. Ristorante 53
50. Pasti 53
51. Pietanze cucinate 54
52. Cibo 55

53. Bevande   57
54. Verdure   58
55. Frutta. Noci   59
56. Pane. Dolci   59
57. Spezie   60

INFORMAZIONI PERSONALI. FAMIGLIA   61

58. Informazioni personali. Moduli   61
59. Membri della famiglia. Parenti   61
60. Amici. Colleghi   62

CORPO UMANO. MEDICINALI   64

61. Testa   64
62. Corpo umano   65
63. Malattie   65
64. Sintomi. Cure. Parte 1   67
65. Sintomi. Cure. Parte 2   68
66. Sintomi. Cure. Parte 3   69
67. Medicinali. Farmaci. Accessori   69

APPARTAMENTO   71

68. Appartamento   71
69. Arredamento. Interno   71
70. Biancheria da letto   72
71. Cucina   72
72. Bagno   73
73. Elettrodomestici   74

LA TERRA. TEMPO   75

74. L'Universo   75
75. La Terra   76
76. Punti cardinali   76
77. Mare. Oceano   77
78. Nomi dei mari e degli oceani   78
79. Montagne   79
80. Nomi delle montagne   80
81. Fiumi   80
82. Nomi dei fiumi   81
83. Foresta   81
84. Risorse naturali   82
85. Tempo   83
86. Rigide condizioni metereologiche. Disastri naturali   84

FAUNA   86

87. Mammiferi. Predatori   86
88. Animali selvatici   86

89. Animali domestici   87
90. Uccelli   88
91. Pesci. Animali marini   90
92. Anfibi. Rettili   90
93. Insetti   91

FLORA   92

94. Alberi   92
95. Arbusti   92
96. Frutti. Bacche   93
97. Fiori. Piante   94
98. Cereali, granaglie   95

PAESI   96

99. Paesi. Parte 1   96
100. Paesi. Parte 2   96
101. Paesi. Parte 3   97

GUIDA ALLA PRONUNCIA

Lettera	Esempio indonesiano	Alfabeto fonetico T&P	Esempio italiano
Aa	zaman	[a]	macchia
Bb	besar	[b]	bianco
Cc	kecil, cepat	[tʃ]	cinque
Dd	dugaan	[d]	doccia
Ee	segera, mencium	[e], [ə]	meno, leggere
Ff	berfungsi	[f]	ferrovia
Gg	juga, lagi	[g]	guerriero
Hh	hanya, bahwa	[h]	[h] aspirate
Ii	izin, sebagai ganti	[i], [j]	vittoria, New York
Jj	setuju, ijin	[dʒ]	argilla
Kk	kemudian, tidak	[k], [ʔ]	cometa, occlusiva glottidale sorda
Ll	dilarang	[l]	saluto
Mm	melihat	[m]	mostra
Nn	berenang	[n], [ŋ]	notte, fango
Oo	toko roti	[o:]	coordinare
Pp	peribahasa	[p]	pieno
Qq	Aquarius	[k]	cometa
Rr	ratu, riang	[r]	[r] trillo (vibrante)
Ss	sendok, syarat	[s], [ʃ]	sapere, ruscello
Tt	tamu, adat	[t]	tattica
Uu	ambulans	[u]	prugno
Vv	renovasi	[v]	volare
Ww	pariwisata	[w]	week-end
Xx	boxer	[ks]	taxi
Yy	banyak, syarat	[j]	New York
Zz	zamrud	[z]	rosa

Combinazioni di lettere

aa	maaf	[aʔa]	a+occlusiva glottidale sorda
kh	khawatir	[h]	[h] aspirate
th	Gereja Lutheran	[t]	tattica
-k	tidak	[ʔ]	occlusiva glottidale sorda

ABBREVIAZIONI
usate nel vocabolario

Italiano. Abbreviazioni

agg	-	aggettivo
anim.	-	animato
avv	-	avverbio
cong	-	congiunzione
ecc.	-	eccetera
f	-	sostantivo femminile
f pl	-	femminile plurale
fem.	-	femminile
form.	-	formale
inanim.	-	inanimato
inform.	-	familiare
m	-	sostantivo maschile
m pl	-	maschile plurale
m, f	-	maschile, femminile
masc.	-	maschile
mil.	-	militare
pl	-	plurale
pron	-	pronome
qc	-	qualcosa
qn	-	qualcuno
sing.	-	singolare
v aus	-	verbo ausiliare
vi	-	verbo intransitivo
vi, vt	-	verbo intransitivo, transitivo
vr	-	verbo riflessivo
vt	-	verbo transitivo

CONCETTI DI BASE

1. Pronomi

io	saya, aku	[saja], [aku]
tu	engkau, kamu	[eŋkau], [kamu]
egli, ella, esso, essa	beliau, dia, ia	[beliau], [dia], [ia]
noi	kami, kita	[kami], [kita]
voi	kalian	[kalian]
Lei	Anda	[anda]
Voi	Anda sekalian	[anda sekalian]
loro	mereka	[mereka]

2. Saluti. Convenevoli

Salve!	Halo!	[halo!]
Buongiorno!	Halo!	[halo!]
Buongiorno! (la mattina)	Selamat pagi!	[slamat pagi!]
Buon pomeriggio!	Selamat siang!	[slamat siaŋ!]
Buonasera!	Selamat sore!	[slamat sore!]
salutare (vt)	menyapa	[mənjapa]
Ciao! Salve!	Hai!	[hey!]
saluto (m)	sambutan, salam	[sambutan], [salam]
salutare (vt)	menyambut	[mənjambut]
Come sta? Come stai?	Apa kabar?	[apa kabar?]
Che c'è di nuovo?	Apa yang baru?	[apa yaŋ baru?]
Arrivederci!	Selamat tinggal! Selamat jalan!	[slamat tiŋgal!], [slamat dʒ'alan!]
Ciao!	Dadah!	[dadah!]
A presto!	Sampai bertemu lagi!	[sampaj bərtemu lagi!]
Addio! (inform.)	Sampai jumpa!	[sampaj dʒ'umpa!]
Addio! (form.)	Selamat tinggal!	[slamat tiŋgal!]
congedarsi (vr)	berpamitan	[bərpamitan]
Ciao! (A presto!)	Sampai nanti!	[sampaj nanti!]
Grazie!	Terima kasih!	[tərima kasih!]
Grazie mille!	Terima kasih banyak!	[tərima kasih banja'!]
Prego	Kembali! Sama-sama!	[kembali!], [sama-sama!]
Non c'è di che!	Kembali!	[kembali!]
Di niente	Kembali!	[kembali!]
Scusa! Scusi!	Maaf, ...	[ma'af, ...]
scusare (vt)	memaafkan	[mema'afkan]
scusarsi (vr)	meminta maaf	[meminta ma'af]
Chiedo scusa	Maafkan saya	[ma'afkan saja]

Mi perdoni!	Maaf!	[ma'af!]
perdonare (vt)	memaafkan	[mema'afkan]
Non fa niente	Tidak apa-apa!	[tida' apa-apa!]
per favore	tolong	[toloŋ]
Non dimentichi!	Jangan lupa!	[dʒaŋan lupa!]
Certamente!	Tentu!	[tentu!]
Certamente no!	Tentu tidak!	[tentu tida'!]
D'accordo!	Baiklah! Baik!	[bajklah!], [baj'!]
Basta!	Cukuplah!	[tʃukuplah!]

3. Domande

Chi?	Siapa?	[siapa?]
Che cosa?	Apa?	[apa?]
Dove? (in che luogo?)	Di mana?	[di mana?]
Dove? (~ vai?)	Ke mana?	[ke mana?]
Di dove?, Da dove?	Dari mana?	[dari mana?]
Quando?	Kapan?	[kapan?]
Perché? (per quale scopo?)	Mengapa?	[məŋapa?]
Perché? (per quale ragione?)	Mengapa?	[məŋapa?]
Per che cosa?	Untuk apa?	[untu' apa?]
Come?	Bagaimana?	[bagajmana?]
Che? (~ colore è?)	Apa? Yang mana?	[apa?], [yaŋ mana?]
Quale?	Yang mana?	[yaŋ mana?]
A chi?	Kepada siapa? Untuk siapa?	[kepada siapa?], [untu' siapa?]
Di chi?	Tentang siapa?	[tentaŋ siapa?]
Di che cosa?	Tentang apa?	[tentaŋ apa?]
Con chi?	Dengan siapa?	[deŋan siapa?]
Quanti?, Quanto?	Berapa?	[bərapa?]
Di chi?	Milik siapa?	[mili' siapa?]

4. Preposizioni

con (tè ~ il latte)	dengan	[deŋan]
senza	tanpa	[tanpa]
a (andare ~ ...)	ke	[ke]
di (parlare ~ ...)	tentang ...	[tentaŋ ...]
prima di ...	sebelum	[sebelum]
di fronte a ...	di depan ...	[di depan ...]
sotto (avv)	di bawah	[di bawah]
sopra (al di ~)	di atas	[di atas]
su (sul tavolo, ecc.)	di atas	[di atas]
da, di (via da ..., fuori di ...)	dari	[dari]
di (fatto ~ cartone)	dari	[dari]
fra (~ dieci minuti)	dalam	[dalam]
attraverso (dall'altra parte)	melalui	[melalui]

5. Parole grammaticali. Avverbi. Parte 1

Dove?	Di mana?	[di mana?]
qui (in questo luogo)	di sini	[di sini]
lì (in quel luogo)	di sana	[di sana]

da qualche parte (essere ~)	di suatu tempat	[di suatu tempat]
da nessuna parte	tak ada di mana pun	[ta' ada di mana pun]

vicino a ...	dekat	[dekat]
vicino alla finestra	dekat jendela	[dekat dʒ'endela]

Dove?	Ke mana?	[ke mana?]
qui (vieni ~)	ke sini	[ke sini]
ci (~ vado stasera)	ke sana	[ke sana]
da qui	dari sini	[dari sini]
da lì	dari sana	[dari sana]

vicino, accanto (avv)	dekat	[dekat]
lontano (avv)	jauh	[dʒ'auh]

vicino (~ a Parigi)	dekat	[dekat]
vicino (qui ~)	dekat	[dekat]
non lontano	tidak jauh	[tida' dʒ'auh]

sinistro (agg)	kiri	[kiri]
a sinistra (rimanere ~)	di kiri	[di kiri]
a sinistra (girare ~)	ke kiri	[ke kiri]

destro (agg)	kanan	[kanan]
a destra (rimanere ~)	di kanan	[di kanan]
a destra (girare ~)	ke kanan	[ke kanan]

davanti	di depan	[di depan]
anteriore (agg)	depan	[depan]
avanti	ke depan	[ke depan]

dietro (avv)	di belakang	[di belakaŋ]
da dietro	dari belakang	[dari belakaŋ]
indietro	mundur	[mundur]

mezzo (m), centro (m)	tengah	[teŋah]
in mezzo, al centro	di tengah	[di teŋah]

di fianco	di sisi, di samping	[di sisi], [di sampiŋ]
dappertutto	di mana-mana	[di mana-mana]
attorno	di sekitar	[di sekitar]

da dentro	dari dalam	[dari dalam]
da qualche parte (andare ~)	ke suatu tempat	[ke suatu tempat]
dritto (direttamente)	terus	[terus]
indietro	kembali	[kembali]
da qualsiasi parte	dari mana pun	[dari mana pun]
da qualche posto (veniamo ~)	dari suatu tempat	[dari suatu tempat]

in primo luogo	pertama	[pərtama]
in secondo luogo	kedua	[kedua]
in terzo luogo	ketiga	[ketiga]

all'improvviso	tiba-tiba	[tiba-tiba]
all'inizio	mula-mula	[mula-mula]
per la prima volta	untuk pertama kalinya	[untu' pərtama kalinja]
molto tempo prima di...	jauh sebelum ...	[dʒ'auh sebelum ...]
di nuovo	kembali	[kembali]
per sempre	untuk selama-lamanya	[untu' selama-lamanja]

mai	tidak pernah	[tida' pərnah]
ancora	lagi, kembali	[lagi], [kembali]
adesso	sekarang	[sekaraŋ]
spesso (avv)	sering, seringkali	[seriŋ], [seriŋkali]
allora	ketika itu	[ketika itu]
urgentemente	segera	[segera]
di solito	biasanya	[biasanja]

a proposito, ...	ngomong-ngomong ...	[ŋomoŋ-ŋomoŋ ...]
è possibile	mungkin	[muŋkin]
probabilmente	mungkin	[muŋkin]
forse	mungkin	[muŋkin]
inoltre ...	selain itu ...	[selajn itu ...]
ecco perché ...	karena itu ...	[karena itu ...]
nonostante (~ tutto)	meskipun ...	[meskipun ...]
grazie a ...	berkat ...	[berkat ...]

che cosa (pron)	apa	[apa]
che (cong)	bahwa	[bahwa]
qualcosa (qualsiasi cosa)	sesuatu	[sesuatu]
qualcosa (le serve ~?)	sesuatu	[sesuatu]
niente	tidak sesuatu pun	[tida' sesuatu pun]

chi (pron)	siapa	[siapa]
qualcuno (annuire a ~)	seseorang	[seseoraŋ]
qualcuno (dipendere da ~)	seseorang	[seseoraŋ]

nessuno	tidak seorang pun	[tida' seoraŋ pun]
da nessuna parte	tidak ke mana pun	[tida' ke mana pun]
di nessuno	tidak milik siapa pun	[tida' mili' siapa pun]
di qualcuno	milik seseorang	[mili' seseoraŋ]

così (era ~ arrabbiato)	sangat	[saŋat]
anche (penso ~ a ...)	juga	[dʒ'uga]
anche, pure	juga	[dʒ'uga]

6. Parole grammaticali. Avverbi. Parte 2

Perché?	Mengapa?	[məŋapa?]
per qualche ragione	entah mengapa	[entah məŋapa]
perché ...	karena ...	[karena ...]
per qualche motivo	untuk tujuan tertentu	[untu' tudʒ'uan tərtentu]
e (cong)	dan	[dan]

o (sì ~ no?)	atau	[atau]
ma (però)	tetapi, namun	[tetapi], [namun]
per (~ me)	untuk	[untuʔ]
troppo	terlalu	[tərlalu]
solo (avv)	hanya	[hanja]
esattamente	tepat	[tepat]
circa (~ 10 dollari)	sekitar	[sekitar]
approssimativamente	kira-kira	[kira-kira]
approssimativo (agg)	kira-kira	[kira-kira]
quasi	hampir	[hampir]
resto	selebihnya, sisanya	[selebihnja], [sisanja]
l'altro (~ libro)	kedua	[kedua]
altro (differente)	lain	[lain]
ogni (agg)	setiap	[setiap]
qualsiasi (agg)	sebarang	[sebaraŋ]
molti, molto	banyak	[banjaʔ]
molta gente	banyak orang	[banjaʔ oraŋ]
tutto, tutti	semua	[semua]
in cambio di ...	sebagai ganti ...	[sebagaj ganti ...]
in cambio	sebagai gantinya	[sebagaj gantinja]
a mano (fatto ~)	dengan tangan	[deŋan taŋan]
poco probabile	hampir tidak	[hampir tidaʔ]
probabilmente	mungkin	[muŋkin]
apposta	sengaja	[seŋadʒⁱa]
per caso	tidak sengaja	[tida' seŋadʒⁱa]
molto (avv)	sangat	[saŋat]
per esempio	misalnya	[misalnja]
fra (~ due)	antara	[antara]
fra (~ più di due)	di antara	[di antara]
tanto (quantità)	banyak sekali	[banjaʔ sekali]
soprattutto	terutama	[tərutama]

NUMERI. VARIE

7. Numeri cardinali. Parte 1

zero (m)	nol	[nol]
uno	satu	[satu]
due	dua	[dua]
tre	tiga	[tiga]
quattro	empat	[empat]
cinque	lima	[lima]
sei	enam	[enam]
sette	tujuh	[tudʒuh]
otto	delapan	[delapan]
nove	sembilan	[sembilan]
dieci	sepuluh	[sepuluh]
undici	sebelas	[sebelas]
dodici	dua belas	[dua belas]
tredici	tiga belas	[tiga belas]
quattordici	empat belas	[empat belas]
quindici	lima belas	[lima belas]
sedici	enam belas	[enam belas]
diciassette	tujuh belas	[tudʒuh belas]
diciotto	delapan belas	[delapan belas]
diciannove	sembilan belas	[sembilan belas]
venti	dua puluh	[dua puluh]
ventuno	dua puluh satu	[dua puluh satu]
ventidue	dua puluh dua	[dua puluh dua]
ventitre	dua puluh tiga	[dua puluh tiga]
trenta	tiga puluh	[tiga puluh]
trentuno	tiga puluh satu	[tiga puluh satu]
trentadue	tiga puluh dua	[tiga puluh dua]
trentatre	tiga puluh tiga	[tiga puluh tiga]
quaranta	empat puluh	[empat puluh]
quarantuno	empat puluh satu	[empat puluh satu]
quarantadue	empat puluh dua	[empat puluh dua]
quarantatre	empat puluh tiga	[empat puluh tiga]
cinquanta	lima puluh	[lima puluh]
cinquantuno	lima puluh satu	[lima puluh satu]
cinquantadue	lima puluh dua	[lima puluh dua]
cinquantatre	lima puluh tiga	[lima puluh tiga]
sessanta	enam puluh	[enam puluh]
sessantuno	enam puluh satu	[enam puluh satu]

| sessantadue | enam puluh dua | [enam puluh dua] |
| sessantatre | enam puluh tiga | [enam puluh tiga] |

settanta	tujuh puluh	[tudʒⁱuh puluh]
settantuno	tujuh puluh satu	[tudʒⁱuh puluh satu]
settantadue	tujuh puluh dua	[tudʒⁱuh puluh dua]
settantatre	tujuh puluh tiga	[tudʒⁱuh puluh tiga]

ottanta	delapan puluh	[delapan puluh]
ottantuno	delapan puluh satu	[delapan puluh satu]
ottantadue	delapan puluh dua	[delapan puluh dua]
ottantatre	delapan puluh tiga	[delapan puluh tiga]

novanta	sembilan puluh	[sembilan puluh]
novantuno	sembulan puluh satu	[sembulan puluh satu]
novantadue	sembilan puluh dua	[sembilan puluh dua]
novantatre	sembilan puluh tiga	[sembilan puluh tiga]

8. Numeri cardinali. Parte 2

cento	seratus	[seratus]
duecento	dua ratus	[dua ratus]
trecento	tiga ratus	[tiga ratus]
quattrocento	empat ratus	[empat ratus]
cinquecento	lima ratus	[lima ratus]

seicento	enam ratus	[enam ratus]
settecento	tujuh ratus	[tudʒⁱuh ratus]
ottocento	delapan ratus	[delapan ratus]
novecento	sembilan ratus	[sembilan ratus]

mille	seribu	[seribu]
duemila	dua ribu	[dua ribu]
tremila	tiga ribu	[tiga ribu]
diecimila	sepuluh ribu	[sepuluh ribu]
centomila	seratus ribu	[seratus ribu]
milione (m)	juta	[dʒⁱuta]
miliardo (m)	miliar	[miliar]

9. Numeri ordinali

primo	pertama	[pertama]
secondo	kedua	[kedua]
terzo	ketiga	[ketiga]
quarto	keempat	[keempat]
quinto	kelima	[kelima]

sesto	keenam	[keenam]
settimo	ketujuh	[ketudʒⁱuh]
ottavo	kedelapan	[kedelapan]
nono	kesembilan	[kesembilan]
decimo	kesepuluh	[kesepuluh]

COLORI. UNITÀ DI MISURA

10. Colori

colore (m)	warna	[warna]
sfumatura (f)	nuansa	[nuansa]
tono (m)	warna	[warna]
arcobaleno (m)	pelangi	[pelaŋi]
bianco (agg)	putih	[putih]
nero (agg)	hitam	[hitam]
grigio (agg)	kelabu	[kelabu]
verde (agg)	hijau	[hidʒ'au]
giallo (agg)	kuning	[kuniŋ]
rosso (agg)	merah	[merah]
blu (agg)	biru	[biru]
azzurro (agg)	biru muda	[biru muda]
rosa (agg)	pink	[pin']
arancione (agg)	oranye, jingga	[oranje], [dʒiŋga]
violetto (agg)	violet, ungu muda	[violet], [uŋu muda]
marrone (agg)	cokelat	[tʃokelat]
d'oro (agg)	keemasan	[keemasan]
argenteo (agg)	keperakan	[keperakan]
beige (agg)	abu-abu kecokelatan	[abu-abu ketʃokelatan]
color crema (agg)	krem	[krem]
turchese (agg)	pirus	[pirus]
rosso ciliegia (agg)	merah tua	[merah tua]
lilla (agg)	ungu	[uŋu]
rosso lampone (agg)	merah lembayung	[merah lembajuŋ]
chiaro (agg)	terang	[teraŋ]
scuro (agg)	gelap	[gelap]
vivo, vivido (agg)	terang	[teraŋ]
colorato (agg)	berwarna	[berwarna]
a colori	warna	[warna]
bianco e nero (agg)	hitam-putih	[hitam-putih]
in tinta unita	polos, satu warna	[polos], [satu warna]
multicolore (agg)	berwarna-warni	[berwarna-warni]

11. Unità di misura

peso (m)	berat	[berat]
lunghezza (f)	panjang	[pandʒ'aŋ]

larghezza (f)	lebar	[lebar]
altezza (f)	ketinggian	[ketiŋgian]
profondità (f)	kedalaman	[kedalaman]
volume (m)	volume, isi	[volume], [isi]
area (f)	luas	[luas]

grammo (m)	gram	[gram]
milligrammo (m)	miligram	[miligram]
chilogrammo (m)	kilogram	[kilogram]
tonnellata (f)	ton	[ton]
libbra (f)	pon	[pon]
oncia (f)	ons	[ons]

metro (m)	meter	[meter]
millimetro (m)	milimeter	[milimeter]
centimetro (m)	sentimeter	[sentimeter]
chilometro (m)	kilometer	[kilometer]
miglio (m)	mil	[mil]

pollice (m)	inci	[intʃi]
piede (f)	kaki	[kaki]
iarda (f)	yard	[yard]

metro (m) quadro	meter persegi	[meter pərsegi]
ettaro (m)	hektar	[hektar]

litro (m)	liter	[liter]
grado (m)	derajat	[deradʒ'at]
volt (m)	volt	[volt]
ampere (m)	ampere	[ampere]
cavallo vapore (m)	tenaga kuda	[tenaga kuda]

quantità (f)	kuantitas	[kuantitas]
un po' di ...	sedikit ...	[sedikit ...]
metà (f)	setengah	[seteŋah]
dozzina (f)	lusin	[lusin]
pezzo (m)	buah	[buah]

dimensione (f)	ukuran	[ukuran]
scala (f) (modello in ~)	skala	[skala]

minimo (agg)	minimal	[minimal]
minore (agg)	terkecil	[tərketʃil]
medio (agg)	sedang	[sedaŋ]
massimo (agg)	maksimal	[maksimal]
maggiore (agg)	terbesar	[tərbesar]

12. Contenitori

barattolo (m) di vetro	gelas	[gelas]
latta, lattina (f)	kaleng	[kaleŋ]
secchio (m)	ember	[ember]
barile (m), botte (f)	tong	[toŋ]
catino (m)	baskom	[baskom]

serbatoio (m) (per liquidi)	tangki	[taŋki]
fiaschetta (f)	pelples	[pelples]
tanica (f)	jeriken	[dʒʲeriken]
cisterna (f)	tangki	[taŋki]

tazza (f)	mangkuk	[maŋkuʔ]
tazzina (f) (~ di caffé)	cangkir	[ʧaŋkir]
piattino (m)	alas cangkir	[alas ʧaŋkir]
bicchiere (m) (senza stelo)	gelas	[gelas]
calice (m)	gelas anggur	[gelas aŋgur]
casseruola (f)	panci	[panʧi]

bottiglia (f)	botol	[botol]
collo (m) (~ della bottiglia)	leher	[leher]

caraffa (f)	karaf	[karaf]
brocca (f)	kendi	[kendi]
recipiente (m)	wadah	[wadah]
vaso (m) di coccio	pot	[pot]
vaso (m) di fiori	vas	[vas]

boccetta (f) (~ di profumo)	botol	[botol]
fiala (f)	botol kecil	[botol keʧil]
tubetto (m)	tabung	[tabuŋ]

sacco (m) (~ di patate)	karung	[karuŋ]
sacchetto (m) (~ di plastica)	kantong	[kantoŋ]
pacchetto (m) (~ di sigarette, ecc.)	bungkus	[buŋkus]

scatola (f) (~ per scarpe)	kotak, kardus	[kotak], [kardus]
cassa (f) (~ di vino, ecc.)	kotak	[kotaʔ]
cesta (f)	bakul	[bakul]

I VERBI PIÙ IMPORTANTI

13. I verbi più importanti. Parte 1

accorgersi (vr)	memperhatikan	[memperhatikan]
afferrare (vt)	menangkap	[mənaŋkap]
affittare (dare in affitto)	menyewa	[mənjewa]
aiutare (vt)	membantu	[membantu]
amare (qn)	mencintai	[məntʃintaj]
andare (camminare)	berjalan	[bərdʒʲalan]
annotare (vt)	mencatat	[məntʃatat]
appartenere (vi)	kepunyaan ...	[kepunjaʔan ...]
aprire (vt)	membuka	[membuka]
arrivare (vi)	datang	[dataŋ]
aspettare (vt)	menunggu	[mənuŋgu]
avere (vt)	mempunyai	[mempunjaj]
avere fame	lapar	[lapar]
avere fretta	tergesa-gesa	[tərgesa-gesa]
avere paura	takut	[takut]
avere sete	haus	[haus]
avvertire (vt)	memperingatkan	[memperiŋatkan]
cacciare (vt)	berburu	[bərburu]
cadere (vi)	jatuh	[dʒʲatuh]
cambiare (vt)	mengubah	[məŋubah]
capire (vt)	mengerti	[məŋerti]
cenare (vi)	makan malam	[makan malam]
cercare (vt)	mencari ...	[məntʃari ...]
cessare (vt)	menghentikan	[məŋhentikan]
chiedere (~ aiuto)	memanggil	[memaŋgil]
chiedere (domandare)	bertanya	[bərtanja]
cominciare (vt)	memulai, membuka	[memulaj], [membuka]
comparare (vt)	membandingkan	[membandiŋkan]
confondere (vt)	bingung membedakan	[biŋuŋ membedakan]
conoscere (qn)	kenal	[kenal]
conservare (vt)	menyimpan	[mənjimpan]
consigliare (vt)	menasihati	[mənasihati]
contare (calcolare)	menghitung	[məŋhituŋ]
contare su ...	mengharapkan ...	[məŋharapkan ...]
continuare (vt)	meneruskan	[məneruskan]
controllare (vt)	mengontrol	[məŋontrol]
correre (vi)	lari	[lari]
costare (vt)	berharga	[bərharga]
creare (vt)	menciptakan	[məntʃiptakan]
cucinare (vi)	memasak	[memasaʔ]

14. I verbi più importanti. Parte 2

dare (vt)	memberi	[memberi]
dare un suggerimento	memberi petunjuk	[memberi petundʒⁱu']
decorare (adornare)	menghiasi	[məŋhiasi]
difendere (~ un paese)	membela	[membela]
dimenticare (vt)	melupakan	[melupakan]

dire (~ la verità)	berkata	[bərkata]
dirigere (compagnia, ecc.)	memimpin	[memimpin]
discutere (vt)	membicarakan	[membitʃarakan]
domandare (vt)	meminta	[meminta]
dubitare (vi)	ragu-ragu	[ragu-ragu]

entrare (vi)	masuk, memasuki	[masuk], [memasuki]
esigere (vt)	menuntut	[mənuntut]
esistere (vi)	ada	[ada]
essere (~ a dieta)	sedang	[sedaŋ]
essere (~ un insegnante)	ialah, adalah	[ialah], [adalah]

essere d'accordo	setuju	[setudʒⁱu]
fare (vt)	membuat	[membuat]
fare colazione	sarapan	[sarapan]

fare il bagno	berenang	[bərenaŋ]
fermarsi (vr)	berhenti	[bərhenti]
fidarsi (vr)	mempercayai	[mempertʃajaj]
finire (vt)	mengakhiri	[məŋahiri]
firmare (~ un documento)	menandatangani	[mənandataŋani]

giocare (vi)	bermain	[bərmajn]
girare (~ a destra)	membelok	[membelo']
gridare (vi)	berteriak	[bərteria']
indovinare (vt)	menerka	[mənerka]
informare (vt)	menginformasikan	[məŋinformasikan]

ingannare (vt)	menipu	[mənipu]
insistere (vi)	mendesak	[mendesa']
insultare (vt)	menghina	[məŋhina]
interessarsi di ...	menaruh minat pada ...	[mənaruh minat pada ...]
invitare (vt)	mengundang	[məŋundaŋ]

lamentarsi (vr)	mengeluh	[məŋeluh]
lasciar cadere	tercecer	[tərtʃetʃer]
lavorare (vi)	bekerja	[bekerdʒⁱa]
leggere (vi, vt)	membaca	[membatʃa]
liberare (vt)	membebaskan	[membebaskan]

15. I verbi più importanti. Parte 3

mancare le lezioni	absen	[absen]
mandare (vt)	mengirim	[məŋirim]
menzionare (vt)	menyebut	[mənjebut]

| minacciare (vt) | mengancam | [mǝŋantʃam] |
| mostrare (vt) | menunjukkan | [mǝnundʒʲuˀkan] |

nascondere (vt)	menyembunyikan	[mǝnjembunjikan]
nuotare (vi)	berenang	[bǝrenaŋ]
obiettare (vt)	keberatan	[keberatan]
occorrere (vimp)	dibutuhkan	[dibutuhkan]
ordinare (~ il pranzo)	memesan	[memesan]

ordinare (mil.)	memerintahkan	[memerintahkan]
osservare (vt)	mengamati	[mǝŋamati]
pagare (vi, vt)	membayar	[membajar]
parlare (vi, vt)	berbicara	[bǝrbitʃara]
partecipare (vi)	turut serta	[turut serta]

pensare (vi, vt)	berpikir	[bǝrpikir]
perdonare (vt)	memaafkan	[memaˀafkan]
permettere (vt)	mengizinkan	[mǝŋizinkan]
piacere (vi)	suka	[suka]
piangere (vi)	menangis	[mǝnaŋis]

pianificare (vt)	merencanakan	[merentʃanakan]
possedere (vt)	memiliki	[memiliki]
potere (v aus)	bisa	[bisa]
pranzare (vi)	makan siang	[makan siaŋ]
preferire (vt)	lebih suka	[lebih suka]

pregare (vi, vt)	bersembahyang, berdoa	[bǝrsembahjaŋ], [bǝrdoa]
prendere (vt)	mengambil	[mǝŋambil]
prevedere (vt)	menduga	[mǝnduga]
promettere (vt)	berjanji	[bǝrdʒʲandʒi]
pronunciare (vt)	melafalkan	[melafalkan]

proporre (vt)	mengusulkan	[mǝŋusulkan]
punire (vt)	menghukum	[mǝŋhukum]
raccomandare (vt)	merekomendasi	[merekomendasi]
ridere (vi)	tertawa	[tǝrtawa]
rifiutarsi (vr)	menolak	[mǝnolaˀ]

rincrescere (vi)	menyesal	[mǝnjesal]
ripetere (ridire)	mengulangi	[mǝŋulaŋi]
riservare (vt)	memesan	[memesan]
rispondere (vi, vt)	menjawab	[mǝndʒʲawab]
rompere (spaccare)	memecahkan	[memetʃahkan]
rubare (~ i soldi)	mencuri	[mǝntʃuri]

16. I verbi più importanti. Parte 4

salvare (~ la vita a qn)	menyelamatkan	[mǝnjelamatkan]
sapere (vt)	tahu	[tahu]
sbagliare (vi)	salah	[salah]
scavare (vt)	menggali	[mǝŋgali]
scegliere (vt)	memilih	[memilih]
scendere (vi)	turun	[turun]

scherzare (vi)	bergurau	[bərgurau]
scrivere (vt)	menulis	[mənulis]
scusare (vt)	memaafkan	[memaʔafkan]
scusarsi (vr)	meminta maaf	[meminta maʔaf]

sedersi (vr)	duduk	[duduʔ]
seguire (vt)	mengikuti ...	[məŋikuti ...]
sgridare (vt)	memarahi, menegur	[memarahi], [menegur]
significare (vt)	berarti	[bərarti]
sorridere (vi)	tersenyum	[tərsenyum]

sottovalutare (vt)	meremehkan	[meremehkan]
sparare (vi)	menembak	[mənembaʔ]
sperare (vi, vt)	berharap	[bərharap]
spiegare (vt)	menjelaskan	[məndʒʲelaskan]
studiare (vt)	mempelajari	[mempeladʒʲari]

stupirsi (vr)	heran	[heran]
tacere (vi)	diam	[diam]
tentare (vt)	mencoba	[məntʃoba]
toccare (~ con le mani)	menyentuh	[mənjentuh]
tradurre (vt)	menerjemahkan	[mənerdʒʲemahkan]

trovare (vt)	menemukan	[mənemukan]
uccidere (vt)	membunuh	[membunuh]
udire (percepire suoni)	mendengar	[məndeŋar]
unire (vt)	menyatukan	[mənjatukan]
uscire (vi)	keluar	[keluar]

vantarsi (vr)	membual	[membual]
vedere (vt)	melihat	[melihat]
vendere (vt)	menjual	[məndʒʲual]
volare (vi)	terbang	[tərbaŋ]
volere (desiderare)	mau, ingin	[mau], [iŋin]

ORARIO. CALENDARIO

17. Giorni della settimana

lunedì (m)	Hari Senin	[hari senin]
martedì (m)	Hari Selasa	[hari selasa]
mercoledì (m)	Hari Rabu	[hari rabu]
giovedì (m)	Hari Kamis	[hari kamis]
venerdì (m)	Hari Jumat	[hari dʒʲumat]
sabato (m)	Hari Sabtu	[hari sabtu]
domenica (f)	Hari Minggu	[hari miŋgu]
oggi (avv)	hari ini	[hari ini]
domani	besok	[besoˀ]
dopodomani	besok lusa	[besoˀ lusa]
ieri (avv)	kemarin	[kemarin]
l'altro ieri	kemarin dulu	[kemarin dulu]
giorno (m)	hari	[hari]
giorno (m) lavorativo	hari kerja	[hari kerdʒʲa]
giorno (m) festivo	hari libur	[hari libur]
giorno (m) di riposo	hari libur	[hari libur]
fine (m) settimana	akhir pekan	[ahir pekan]
tutto il giorno	seharian	[seharian]
l'indomani	hari berikutnya	[hari berikutnja]
due giorni fa	dua hari lalu	[dua hari lalu]
il giorno prima	hari sebelumnya	[hari sebelumnja]
quotidiano (agg)	harian	[harian]
ogni giorno	tiap hari	[tiap hari]
settimana (f)	minggu	[miŋgu]
la settimana scorsa	minggu lalu	[miŋgu lalu]
la settimana prossima	minggu berikutnya	[miŋgu berikutnja]
settimanale (agg)	mingguan	[miŋguan]
ogni settimana	tiap minggu	[tiap miŋgu]
due volte alla settimana	dua kali seminggu	[dua kali semiŋgu]
ogni martedì	tiap Hari Selasa	[tiap hari selasa]

18. Ore. Giorno e notte

mattina (f)	pagi	[pagi]
di mattina	pada pagi hari	[pada pagi hari]
mezzogiorno (m)	tengah hari	[teŋah hari]
nel pomeriggio	pada sore hari	[pada sore hari]
sera (f)	sore, malam	[sore], [malam]
di sera	waktu sore	[waktu sore]

notte (f)	malam	[malam]
di notte	pada malam hari	[pada malam hari]
mezzanotte (f)	tengah malam	[teŋah malam]
secondo (m)	detik	[deti²]
minuto (m)	menit	[menit]
ora (f)	jam	[dʒʲam]
mezzora (f)	setengah jam	[seteŋah dʒʲam]
un quarto d'ora	seperempat jam	[seperempat dʒʲam]
quindici minuti	lima belas menit	[lima belas menit]
ventiquattro ore	siang-malam	[siaŋ-malam]
levata (f) del sole	matahari terbit	[matahari tərbit]
alba (f)	subuh	[subuh]
mattutino (m)	dini pagi	[dini pagi]
tramonto (m)	matahari terbenam	[matahari tərbenam]
di buon mattino	pagi-pagi	[pagi-pagi]
stamattina	pagi ini	[pagi ini]
domattina	besok pagi	[beso² pagi]
oggi pomeriggio	sore ini	[sore ini]
nel pomeriggio	pada sore hari	[pada sore hari]
domani pomeriggio	besok sore	[beso² sore]
stasera	sore ini	[sore ini]
domani sera	besok malam	[beso² malam]
alle tre precise	pukul 3 tepat	[pukul tiga tepat]
verso le quattro	sekitar pukul 4	[sekitar pukul empat]
per le dodici	pada pukul 12	[pada pukul belas]
fra venti minuti	dalam 20 menit	[dalam dua puluh menit]
fra un'ora	dalam satu jam	[dalam satu dʒʲam]
puntualmente	tepat waktu	[tepat waktu]
un quarto di …	… kurang seperempat	[… kuraŋ seperempat]
entro un'ora	selama sejam	[selama sedʒʲam]
ogni quindici minuti	tiap 15 menit	[tiap lima belas menit]
giorno e notte	siang-malam	[siaŋ-malam]

19. Mesi. Stagioni

gennaio (m)	Januari	[dʒʲanuari]
febbraio (m)	Februari	[februari]
marzo (m)	Maret	[maret]
aprile (m)	April	[april]
maggio (m)	Mei	[mei]
giugno (m)	Juni	[dʒʲuni]
luglio (m)	Juli	[dʒʲuli]
agosto (m)	Augustus	[augustus]
settembre (m)	September	[september]
ottobre (m)	Oktober	[oktober]

novembre (m)	November	[november]
dicembre (m)	Desember	[desember]
primavera (f)	musim semi	[musim semi]
in primavera	pada musim semi	[pada musim semi]
primaverile (agg)	musim semi	[musim semi]
estate (f)	musim panas	[musim panas]
in estate	pada musim panas	[pada musim panas]
estivo (agg)	musim panas	[musim panas]
autunno (m)	musim gugur	[musim gugur]
in autunno	pada musim gugur	[pada musim gugur]
autunnale (agg)	musim gugur	[musim gugur]
inverno (m)	musim dingin	[musim diŋin]
in inverno	pada musim dingin	[pada musim diŋin]
invernale (agg)	musim dingin	[musim diŋin]
mese (m)	bulan	[bulan]
questo mese	bulan ini	[bulan ini]
il mese prossimo	bulan depan	[bulan depan]
il mese scorso	bulan lalu	[bulan lalu]
un mese fa	sebulan lalu	[sebulan lalu]
fra un mese	dalam satu bulan	[dalam satu bulan]
fra due mesi	dalam 2 bulan	[dalam dua bulan]
un mese intero	sepanjang bulan	[sepandʒʲaŋ bulan]
per tutto il mese	sebulan penuh	[sebulan penuh]
mensile (rivista ~)	bulanan	[bulanan]
mensilmente	tiap bulan	[tiap bulan]
ogni mese	tiap bulan	[tiap bulan]
due volte al mese	dua kali sebulan	[dua kali sebulan]
anno (m)	tahun	[tahun]
quest'anno	tahun ini	[tahun ini]
l'anno prossimo	tahun depan	[tahun depan]
l'anno scorso	tahun lalu	[tahun lalu]
un anno fa	setahun lalu	[setahun lalu]
fra un anno	dalam satu tahun	[dalam satu tahun]
fra due anni	dalam 2 tahun	[dalam dua tahun]
un anno intero	sepanjang tahun	[sepandʒʲaŋ tahun]
per tutto l'anno	setahun penuh	[setahun penuh]
ogni anno	tiap tahun	[tiap tahun]
annuale (agg)	tahunan	[tahunan]
annualmente	tiap tahun	[tiap tahun]
quattro volte all'anno	empat kali setahun	[empat kali setahun]
data (f) (~ di oggi)	tanggal	[taŋgal]
data (f) (~ di nascita)	tanggal	[taŋgal]
calendario (m)	kalender	[kalender]
mezz'anno (m)	setengah tahun	[seteŋah tahun]
semestre (m)	enam bulan	[enam bulan]

| stagione (f) (estate, ecc.) | musim | [musim] |
| secolo (m) | abad | [abad] |

VIAGGIO. HOTEL

20. Escursione. Viaggio

turismo (m)	pariwisata	[pariwisata]
turista (m)	turis, wisatawan	[turis], [wisatawan]
viaggio (m) (all'estero)	pengembaraan	[peŋembara'an]
avventura (f)	petualangan	[petualaŋan]
viaggio (m) (corto)	perjalanan, lawatan	[pərdʒ'alanan], [lawatan]
vacanza (f)	liburan	[liburan]
essere in vacanza	berlibur	[bərlibur]
riposo (m)	istirahat	[istirahat]
treno (m)	kereta api	[kereta api]
in treno	naik kereta api	[nai' kereta api]
aereo (m)	pesawat terbang	[pesawat tərbaŋ]
in aereo	naik pesawat terbang	[nai' pesawat tərbaŋ]
in macchina	naik mobil	[nai' mobil]
in nave	naik kapal	[nai' kapal]
bagaglio (m)	bagasi	[bagasi]
valigia (f)	koper	[koper]
carrello (m)	troli bagasi	[troli bagasi]
passaporto (m)	paspor	[paspor]
visto (m)	visa	[visa]
biglietto (m)	tiket	[tiket]
biglietto (m) aereo	tiket pesawat terbang	[tiket pesawat tərbaŋ]
guida (f)	buku pedoman	[buku pedoman]
carta (f) geografica	peta	[peta]
località (f)	kawasan	[kawasan]
luogo (m)	tempat	[tempat]
ogetti (m pl) esotici	keeksotisan	[keeksotisan]
esotico (agg)	eksotis	[eksotis]
sorprendente (agg)	menakjubkan	[mənakdʒ'ubkan]
gruppo (m)	kelompok	[kelompo']
escursione (f)	ekskursi	[ekskursi]
guida (f) (cicerone)	pemandu wisata	[pemandu wisata]

21. Hotel

albergo, hotel (m)	hotel	[hotel]
motel (m)	motel	[motel]
tre stelle	bintang tiga	[bintaŋ tiga]

cinque stelle	bintang lima	[bintaŋ lima]
alloggiare (vi)	menginap	[məɲinap]
camera (f)	kamar	[kamar]
camera (f) singola	kamar tunggal	[kamar tuŋgal]
camera (f) doppia	kamar ganda	[kamar ganda]
prenotare una camera	memesan kamar	[memesan kamar]
mezza pensione (f)	sewa setengah	[sewa seteɲah]
pensione (f) completa	sewa penuh	[sewa penuh]
con bagno	dengan kamar mandi	[deŋan kamar mandi]
con doccia	dengan pancuran	[deŋan pantʃuran]
televisione (f) satellitare	televisi satelit	[televisi satelit]
condizionatore (m)	penyejuk udara	[penjedʒⁱuˀ udara]
asciugamano (m)	handuk	[handuˀ]
chiave (f)	kunci	[kuntʃi]
amministratore (m)	administrator	[administrator]
cameriera (f)	pelayan kamar	[pelajan kamar]
portabagagli (m)	porter	[porter]
portiere (m)	pramupintu	[pramupintu]
ristorante (m)	restoran	[restoran]
bar (m)	bar	[bar]
colazione (f)	makan pagi, sarapan	[makan pagi], [sarapan]
cena (f)	makan malam	[makan malam]
buffet (m)	prasmanan	[prasmanan]
hall (f) (atrio d'ingresso)	lobi	[lobi]
ascensore (m)	elevator	[elevator]
NON DISTURBARE	JANGAN MENGGANGGU	[dʒⁱaŋan məŋgaŋgu]
VIETATO FUMARE!	DILARANG MEROKOK!	[dilaraŋ merokoˀ!]

22. Visita turistica

monumento (m)	monumen, patung	[monumen], [patuŋ]
fortezza (f)	benteng	[benteŋ]
palazzo (m)	istana	[istana]
castello (m)	kastil	[kastil]
torre (f)	menara	[mənara]
mausoleo (m)	mausoleum	[mausoleum]
architettura (f)	arsitektur	[arsitektur]
medievale (agg)	abad pertengahan	[abad pərteɲahan]
antico (agg)	kuno	[kuno]
nazionale (agg)	nasional	[nasional]
famoso (agg)	terkenal	[tərkenal]
turista (m)	turis, wisatawan	[turis], [wisatawan]
guida (f)	pemandu wisata	[pemandu wisata]
escursione (f)	ekskursi	[ekskursi]
fare vedere	menunjukkan	[mənundʒⁱuˀkan]

raccontare (vt)	**menceritakan**	[mǝntʃeritakan]
trovare (vt)	**mendapatkan**	[mǝndapatkan]
perdersi (vr)	**tersesat**	[tǝrsesat]
mappa (f) (~ della metropolitana)	**denah**	[denah]
piantina (f) (~ della città)	**peta**	[peta]
souvenir (m)	**suvenir**	[suvenir]
negozio (m) di articoli da regalo	**toko suvenir**	[toko suvenir]
fare foto	**memotret**	[memotret]
fotografarsi	**berfoto**	[bǝrfoto]

MEZZI DI TRASPORTO

23. Aeroporto

aeroporto (m)	bandara	[bandara]
aereo (m)	pesawat terbang	[pesawat tərbaŋ]
compagnia (f) aerea	maskapai penerbangan	[maskapaj penerbaŋan]
controllore (m) di volo	pengawas lalu lintas udara	[peŋawas lalu lintas udara]
partenza (f)	keberangkatan	[keberaŋkatan]
arrivo (m)	kedatangan	[kedataŋan]
arrivare (vi)	datang	[dataŋ]
ora (f) di partenza	waktu keberangkatan	[waktu keberaŋkatan]
ora (f) di arrivo	waktu kedatangan	[waktu kedataŋan]
essere ritardato	terlambat	[tərlambat]
volo (m) ritardato	penundaan penerbangan	[penunda'an penerbaŋan]
tabellone (m) orari	papan informasi	[papan informasi]
informazione (f)	informasi	[informasi]
annunciare (vt)	mengumumkan	[məŋumumkan]
volo (m)	penerbangan	[penerbaŋan]
dogana (f)	pabean	[pabean]
doganiere (m)	petugas pabean	[petugas pabean]
dichiarazione (f)	pernyataan pabean	[pərnjata'an pabean]
riempire	mengisi	[məŋisi]
(~ una dichiarazione)		
riempire una dichiarazione	mengisi formulir bea cukai	[məŋisi formulir bea tʃukaj]
controllo (m) passaporti	pemeriksaan paspor	[pemeriksa'an paspor]
bagaglio (m)	bagasi	[bagasi]
bagaglio (m) a mano	jinjingan	[dʒindʒiŋan]
carrello (m)	troli bagasi	[troli bagasi]
atterraggio (m)	pendaratan	[pendaratan]
pista (f) di atterraggio	jalur pendaratan	[dʒ'alur pendaratan]
atterrare (vi)	mendarat	[məndarat]
scaletta (f) dell'aereo	tangga pesawat	[taŋga pesawat]
check-in (m)	check-in	[tʃekin]
banco (m) del check-in	meja check-in	[medʒ'a tʃekin]
fare il check-in	check-in	[tʃekin]
carta (f) d'imbarco	kartu pas	[kartu pas]
porta (f) d'imbarco	gerbang keberangkatan	[gerbaŋ keberaŋkatan]
transito (m)	transit	[transit]
aspettare (vt)	menunggu	[mənuŋgu]

sala (f) d'attesa	ruang tunggu	[ruaŋ tuŋgu]
accompagnare (vt)	mengantar	[məŋantar]
congedarsi (vr)	berpamitan	[bərpamitan]

24. Aeroplano

aereo (m)	pesawat terbang	[pesawat tərbaŋ]
biglietto (m) aereo	tiket pesawat terbang	[tiket pesawat tərbaŋ]
compagnia (f) aerea	maskapai penerbangan	[maskapaj penerbaŋan]
aeroporto (m)	bandara	[bandara]
supersonico (agg)	supersonik	[supersoni']
comandante (m)	kapten	[kapten]
equipaggio (m)	awak	[awa']
pilota (m)	pilot	[pilot]
hostess (f)	pramugari	[pramugari]
navigatore (m)	navigator, penavigasi	[navigator], [penavigasi]
ali (f pl)	sayap	[sajap]
coda (f)	ekor	[ekor]
cabina (f)	kokpit	[kokpit]
motore (m)	mesin	[mesin]
carrello (m) d'atterraggio	roda pendarat	[roda pendarat]
turbina (f)	turbin	[turbin]
elica (f)	baling-baling	[baliŋ-baliŋ]
scatola (f) nera	kotak hitam	[kota' hitam]
barra (f) di comando	kemudi	[kemudi]
combustibile (m)	bahan bakar	[bahan bakar]
safety card (f)	instruksi keselamatan	[instruksi keselamatan]
maschera (f) ad ossigeno	masker oksigen	[masker oksigen]
uniforme (f)	seragam	[seragam]
giubbotto (m) di salvataggio	jaket pelampung	[dʒʲaket pelampuŋ]
paracadute (m)	parasut	[parasut]
decollo (m)	lepas landas	[lepas landas]
decollare (vi)	bertolak	[bertola']
pista (f) di decollo	jalur lepas landas	[dʒʲalur lepas landas]
visibilità (f)	visibilitas, pandangan	[visibilitas], [pandaŋan]
volo (m)	penerbangan	[penerbaŋan]
altitudine (f)	ketinggian	[ketiŋgian]
vuoto (m) d'aria	lubang udara	[lubaŋ udara]
posto (m)	tempat duduk	[tempat dudu']
cuffia (f)	headphone, fonkepala	[headphone], [fonkepala]
tavolinetto (m) pieghevole	meja lipat	[medʒʲa lipat]
oblò (m), finestrino (m)	jendela pesawat	[dʒʲendela pesawat]
corridoio (m)	lorong	[loroŋ]

25. Treno

treno (m)	kereta api	[kereta api]
elettrotreno (m)	kereta api listrik	[kereta api listri?]
treno (m) rapido	kereta api cepat	[kereta api tʃepat]
locomotiva (f) diesel	lokomotif diesel	[lokomotif disel]
locomotiva (f) a vapore	lokomotif uap	[lokomotif uap]
carrozza (f)	gerbong penumpang	[gerboŋ penumpaŋ]
vagone (m) ristorante	gerbong makan	[gerboŋ makan]
rotaie (f pl)	rel	[rel]
ferrovia (f)	rel kereta api	[rel kereta api]
traversa (f)	bantalan rel	[bantalan rel]
banchina (f) (~ ferroviaria)	platform	[platform]
binario (m) (~ 1, 2)	jalur	[dʒ'alur]
semaforo (m)	semafor	[semafor]
stazione (f)	stasiun	[stasiun]
macchinista (m)	masinis	[masinis]
portabagagli (m)	porter	[porter]
cuccettista (m, f)	kondektur	[kondektur]
passeggero (m)	penumpang	[penumpaŋ]
controllore (m)	kondektur	[kondektur]
corridoio (m)	koridor	[koridor]
freno (m) di emergenza	rem darurat	[rem darurat]
scompartimento (m)	kabin	[kabin]
cuccetta (f)	bangku	[baŋku]
cuccetta (f) superiore	bangku atas	[baŋku atas]
cuccetta (f) inferiore	bangku bawah	[baŋku bawah]
biancheria (f) da letto	kain kasur	[kain kasur]
biglietto (m)	tiket	[tiket]
orario (m)	jadwal	[dʒ'adwal]
tabellone (m) orari	layar informasi	[lajar informasi]
partire (vi)	berangkat	[beraŋkat]
partenza (f)	keberangkatan	[keberaŋkatan]
arrivare (di un treno)	datang	[dataŋ]
arrivo (m)	kedatangan	[kedataŋan]
arrivare con il treno	datang naik kereta api	[dataŋ naj? kereta api]
salire sul treno	naik ke kereta	[nai? ke kereta]
scendere dal treno	turun dari kereta	[turun dari kereta]
deragliamento (m)	kecelakaan kereta	[ketʃelaka?an kereta]
deragliare (vi)	keluar rel	[keluar rel]
locomotiva (f) a vapore	lokomotif uap	[lokomotif uap]
fuochista (m)	juru api	[dʒ'uru api]
forno (m)	tungku	[tuŋku]
carbone (m)	batu bara	[batu bara]

26. Nave

nave (f)	kapal	[kapal]
imbarcazione (f)	kapal	[kapal]
piroscafo (m)	kapal uap	[kapal uap]
barca (f) fluviale	kapal api	[kapal api]
transatlantico (m)	kapal laut	[kapal laut]
incrociatore (m)	kapal penjelajah	[kapal penʤˈelaʤˈah]
yacht (m)	perahu pesiar	[pərahu pesiar]
rimorchiatore (m)	kapal tunda	[kapal tunda]
chiatta (f)	tongkang	[toŋkaŋ]
traghetto (m)	feri	[feri]
veliero (m)	kapal layar	[kapal lajar]
brigantino (m)	kapal brigantin	[kapal brigantin]
rompighiaccio (m)	kapal pemecah es	[kapal pemetʃah es]
sottomarino (m)	kapal selam	[kapal selam]
barca (f)	perahu	[pərahu]
scialuppa (f)	sekoci	[sekotʃi]
scialuppa (f) di salvataggio	sekoci penyelamat	[sekotʃi penjelamat]
motoscafo (m)	perahu motor	[pərahu motor]
capitano (m)	kapten	[kapten]
marittimo (m)	kelasi	[kelasi]
marinaio (m)	pelaut	[pelaut]
equipaggio (m)	awak	[awaʔ]
nostromo (m)	bosman, bosun	[bosman], [bosun]
mozzo (m) di nave	kadet laut	[kadet laut]
cuoco (m)	koki	[koki]
medico (m) di bordo	dokter kapal	[dokter kapal]
ponte (m)	dek	[deʔ]
albero (m)	tiang	[tiaŋ]
vela (f)	layar	[lajar]
stiva (f)	lambung kapal	[lambuŋ kapal]
prua (f)	haluan	[haluan]
poppa (f)	buritan	[buritan]
remo (m)	dayung	[dajuŋ]
elica (f)	baling-baling	[baliŋ-baliŋ]
cabina (f)	kabin	[kabin]
quadrato (m) degli ufficiali	ruang rekreasi	[ruaŋ rekreasi]
sala (f) macchine	ruang mesin	[ruaŋ mesin]
ponte (m) di comando	anjungan kapal	[anʤˈuŋan kapal]
cabina (f) radiotelegrafica	ruang radio	[ruaŋ radio]
onda (f)	gelombang radio	[gelombaŋ radio]
giornale (m) di bordo	buku harian kapal	[buku harian kapal]
cannocchiale (m)	teropong	[teropoŋ]
campana (f)	lonceng	[lontʃeŋ]

bandiera (f)	bendera	[bendera]
cavo (m) (~ d'ormeggio)	tali	[tali]
nodo (m)	simpul	[simpul]

| ringhiera (f) | pegangan | [pegaŋan] |
| passerella (f) | tangga kapal | [taŋga kapal] |

ancora (f)	jangkar	[ʤ'aŋkar]
levare l'ancora	mengangkat jangkar	[məŋaŋkat ʤ'aŋkar]
gettare l'ancora	menjatuhkan jangkar	[mənʤ'atuhkan ʤ'aŋkar]
catena (f) dell'ancora	rantai jangkar	[rantaj ʤ'aŋkar]

porto (m)	pelabuhan	[pelabuhan]
banchina (f)	dermaga	[dermaga]
ormeggiarsi (vr)	merapat	[merapat]
salpare (vi)	bertolak	[bərtola']

viaggio (m)	pengembaraan	[peŋembara'an]
crociera (f)	pesiar	[pesiar]
rotta (f)	haluan	[haluan]
itinerario (m)	rute	[rute]

| secca (f) | beting | [betiŋ] |
| arenarsi (vr) | kandas | [kandas] |

tempesta (f)	badai	[badaj]
segnale (m)	sinyal	[sinjal]
affondare (andare a fondo)	tenggelam	[teŋgelam]
Uomo in mare!	Orang hanyut!	[oraŋ hanyut!]
SOS	SOS	[es-o-es]
salvagente (m) anulare	pelampung penyelamat	[pelampuŋ penjelamat]

CITTÀ

27. Mezzi pubblici in città

autobus (m)	bus	[bus]
tram (m)	trem	[trem]
filobus (m)	bus listrik	[bus listri']
itinerario (m)	trayek	[trae']
numero (m)	nomor	[nomor]
andare in ...	naik ...	[nai' ...]
salire (~ sull'autobus)	naik	[nai']
scendere da ...	turun ...	[turun ...]
fermata (f) (~ dell'autobus)	halte, pemberhentian	[halte], [pemberhentian]
prossima fermata (f)	halte berikutnya	[halte bərikutnja]
capolinea (m)	halte terakhir	[halte tərahir]
orario (m)	jadwal	[dʒ'adwal]
aspettare (vt)	menunggu	[mənuŋgu]
biglietto (m)	tiket	[tiket]
prezzo (m) del biglietto	harga karcis	[harga kartʃis]
cassiere (m)	kasir	[kasir]
controllo (m) dei biglietti	pemeriksaan tiket	[pemeriksa'an tiket]
bigliettaio (m)	kondektur	[kondektur]
essere in ritardo	terlambat ...	[tərlambat ...]
perdere (~ il treno)	ketinggalan	[ketiŋgalan]
avere fretta	tergesa-gesa	[tərgesa-gesa]
taxi (m)	taksi	[taksi]
taxista (m)	sopir taksi	[sopir taksi]
in taxi	naik taksi	[nai' taksi]
parcheggio (m) di taxi	pangkalan taksi	[paŋkalan taksi]
chiamare un taxi	memanggil taksi	[memaŋgil taksi]
prendere un taxi	menaiki taksi	[mənajki taksi]
traffico (m)	lalu lintas	[lalu lintas]
ingorgo (m)	kemacetan lalu lintas	[kematʃetan lalu lintas]
ore (f pl) di punta	jam sibuk	[dʒ'am sibu']
parcheggiarsi (vr)	parkir	[parkir]
parcheggiare (vt)	memarkir	[memarkir]
parcheggio (m)	tempat parkir	[tempat parkir]
metropolitana (f)	kereta api bawah tanah	[kereta api bawah tanah]
stazione (f)	stasiun	[stasiun]
prendere la metropolitana	naik kereta api bawah tanah	[nai' kereta api bawah tanah]
treno (m)	kereta api	[kereta api]
stazione (f) ferroviaria	stasiun kereta api	[stasiun kereta api]

28. Città. Vita di città

città (f)	kota	[kota]
capitale (f)	ibu kota	[ibu kota]
villaggio (m)	desa	[desa]
mappa (f) della città	peta kota	[peta kota]
centro (m) della città	pusat kota	[pusat kota]
sobborgo (m)	pinggir kota	[piŋgir kota]
suburbano (agg)	pinggir kota	[piŋgir kota]
periferia (f)	pinggir	[piŋgir]
dintorni (m pl)	daerah sekitarnya	[daerah sekitarnja]
isolato (m)	blok	[blo']
quartiere residenziale	blok perumahan	[blo' perumahan]
traffico (m)	lalu lintas	[lalu lintas]
semaforo (m)	lampu lalu lintas	[lampu lalu lintas]
trasporti (m pl) urbani	angkot	[aŋkot]
incrocio (m)	persimpangan	[persimpaŋan]
passaggio (m) pedonale	penyeberangan	[penjeberaŋan]
sottopassaggio (m)	terowongan penyeberangan	[terowoŋan penjeberaŋan]
attraversare (vt)	menyeberang	[menjeberaŋ]
pedone (m)	pejalan kaki	[pedʒ'alan kaki]
marciapiede (m)	trotoar	[trotoar]
ponte (m)	jembatan	[dʒ'embatan]
banchina (f)	tepi sungai	[tepi suŋaj]
fontana (f)	air mancur	[air mantʃur]
vialetto (m)	jalan kecil	[dʒ'alan ketʃil]
parco (m)	taman	[taman]
boulevard (m)	bulevar, adimarga	[bulevar], [adimarga]
piazza (f)	lapangan	[lapaŋan]
viale (m), corso (m)	jalan raya	[dʒ'alan raja]
via (f), strada (f)	jalan	[dʒ'alan]
vicolo (m)	gang	[gaŋ]
vicolo (m) cieco	jalan buntu	[dʒ'alan buntu]
casa (f)	rumah	[rumah]
edificio (m)	gedung	[geduŋ]
grattacielo (m)	pencakar langit	[pentʃakar laŋit]
facciata (f)	bagian depan	[bagian depan]
tetto (m)	atap	[atap]
finestra (f)	jendela	[dʒ'endela]
arco (m)	lengkungan	[leŋkuŋan]
colonna (f)	pilar	[pilar]
angolo (m)	sudut	[sudut]
vetrina (f)	etalase	[etalase]
insegna (f) (di negozi, ecc.)	papan nama	[papan nama]
cartellone (m)	poster	[poster]

| cartellone (m) pubblicitario | poster iklan | [poster iklan] |
| tabellone (m) pubblicitario | papan iklan | [papan iklan] |

pattume (m), spazzatura (f)	sampah	[sampah]
pattumiera (f)	tong sampah	[toŋ sampah]
sporcare (vi)	menyampah	[mənjampah]
discarica (f) di rifiuti	tempat pemrosesan akhir (TPA)	[tempat pemrosesan ahir]

cabina (f) telefonica	gardu telepon umum	[gardu telepon umum]
lampione (m)	tiang lampu	[tiaŋ lampu]
panchina (f)	bangku	[baŋku]

poliziotto (m)	polisi	[polisi]
polizia (f)	polisi, kepolisian	[polisi], [kepolisian]
mendicante (m)	pengemis	[peŋemis]
barbone (m)	tuna wisma	[tuna wisma]

29. Servizi cittadini

negozio (m)	toko	[toko]
farmacia (f)	apotek, toko obat	[apotek], [toko obat]
ottica (f)	optik	[optiʔ]
centro (m) commerciale	toserba	[toserba]
supermercato (m)	pasar swalayan	[pasar swalajan]

panetteria (f)	toko roti	[toko roti]
fornaio (m)	pembuat roti	[pembuat roti]
pasticceria (f)	toko kue	[toko kue]
drogheria (f)	toko pangan	[toko paŋan]
macelleria (f)	toko daging	[toko dagiŋ]

| fruttivendolo (m) | toko sayur | [toko sajur] |
| mercato (m) | pasar | [pasar] |

caffè (m)	warung kopi	[waruŋ kopi]
ristorante (m)	restoran	[restoran]
birreria (f), pub (m)	kedai bir	[kedaj bir]
pizzeria (f)	kedai piza	[kedaj piza]

salone (m) di parrucchiere	salon rambut	[salon rambut]
ufficio (m) postale	kantor pos	[kantor pos]
lavanderia (f) a secco	penatu kimia	[penatu kimia]
studio (m) fotografico	studio foto	[studio foto]

negozio (m) di scarpe	toko sepatu	[toko sepatu]
libreria (f)	toko buku	[toko buku]
negozio (m) sportivo	toko alat olahraga	[toko alat olahraga]

riparazione (f) di abiti	reparasi pakaian	[reparasi pakajan]
noleggio (m) di abiti	rental pakaian	[rental pakajan]
noleggio (m) di film	rental film	[rental film]
circo (m)	sirkus	[sirkus]
zoo (m)	kebun binatang	[kebun binataŋ]

cinema (m)	bioskop	[bioskop]
museo (m)	museum	[museum]
biblioteca (f)	perpustakaan	[pərpustaka'an]
teatro (m)	teater	[teater]
teatro (m) dell'opera	opera	[opera]
locale notturno (m)	klub malam	[klub malam]
casinò (m)	kasino	[kasino]
moschea (f)	masjid	[masdʒid]
sinagoga (f)	sinagoga, kanisah	[sinagoga], [kanisah]
cattedrale (f)	katedral	[katedral]
tempio (m)	kuil, candi	[kuil], [tʃandi]
chiesa (f)	gereja	[geredʒa]
istituto (m)	institut, perguruan tinggi	[institut], [pərguruan tiŋgi]
università (f)	universitas	[universitas]
scuola (f)	sekolah	[sekolah]
prefettura (f)	prefektur, distrik	[prefektur], [distri']
municipio (m)	balai kota	[balaj kota]
albergo, hotel (m)	hotel	[hotel]
banca (f)	bank	[ban']
ambasciata (f)	kedutaan besar	[keduta'an besar]
agenzia (f) di viaggi	kantor pariwisata	[kantor pariwisata]
ufficio (m) informazioni	kantor penerangan	[kantor peneraŋan]
ufficio (m) dei cambi	kantor penukaran uang	[kantor penukaran uaŋ]
metropolitana (f)	kereta api bawah tanah	[kereta api bawah tanah]
ospedale (m)	rumah sakit	[rumah sakit]
distributore (m) di benzina	SPBU, stasiun bensin	[es-pe-be-u], [stasjun bensin]
parcheggio (m)	tempat parkir	[tempat parkir]

30. Cartelli

insegna (f) (di negozi, ecc.)	papan nama	[papan nama]
iscrizione (f)	tulisan	[tulisan]
cartellone (m)	poster	[poster]
segnale (m) di direzione	penunjuk arah	[penundʒu' arah]
freccia (f)	anak panah	[ana' panah]
avvertimento (m)	peringatan	[periŋatan]
avviso (m)	tanda peringatan	[tanda pəriŋatan]
avvertire, avvisare (vt)	memperingatkan	[memperiŋatkan]
giorno (m) di riposo	hari libur	[hari libur]
orario (m)	jadwal	[dʒadwal]
orario (m) di apertura	jam buka	[dʒam buka]
BENVENUTI!	SELAMAT DATANG!	[selamat dataŋ!]
ENTRATA	MASUK	[masu']
USCITA	KELUAR	[keluar]

SPINGERE	DORONG	[doroŋ]
TIRARE	TARIK	[tariʔ]
APERTO	BUKA	[buka]
CHIUSO	TUTUP	[tutup]

| DONNE | WANITA | [wanita] |
| UOMINI | PRIA | [pria] |

SCONTI	DISKON	[diskon]
SALDI	OBRAL	[obral]
NOVITÀ!	BARU!	[baru!]
GRATIS	GRATIS	[gratis]

ATTENZIONE!	PERHATIAN!	[pərhatian!]
COMPLETO	PENUH	[penuh]
RISERVATO	DIRESERVASI	[direservasi]

| AMMINISTRAZIONE | ADMINISTRASI | [administrasi] |
| RISERVATO AL PERSONALE | KHUSUS STAF | [husus staf] |

ATTENTI AL CANE	AWAS, ANJING GALAK!	[awas], [andʒiŋ galaʔ!]
VIETATO FUMARE!	DILARANG MEROKOK!	[dilaraŋ merokoʔ!]
NON TOCCARE	JANGAN SENTUH!	[dʒaŋan sentuh!]

PERICOLOSO	BERBAHAYA	[bərbahaja]
PERICOLO	BAHAYA	[bahaja]
ALTA TENSIONE	TEGANGAN TINGGI	[tegaŋan tiŋgi]
DIVIETO DI BALNEAZIONE	DILARANG BERENANG!	[dilaraŋ bərenaŋ!]
GUASTO	RUSAK	[rusaʔ]

INFIAMMABILE	BAHAN MUDAH TERBAKAR	[bahan mudah terbakar]
VIETATO	DILARANG	[dilaraŋ]
VIETATO L'INGRESSO	DILARANG MASUK!	[dilaraŋ masuʔ!]
VERNICE FRESCA	AWAS CAT BASAH	[awas tʃat basah]

31. Acquisti

comprare (vt)	membeli	[membeli]
acquisto (m)	belanjaan	[belandʒaʔan]
fare acquisti	berbelanja	[bərbelandʒa]
shopping (m)	berbelanja	[bərbelandʒa]

| essere aperto (negozio) | buka | [buka] |
| essere chiuso | tutup | [tutup] |

calzature (f pl)	sepatu	[sepatu]
abbigliamento (m)	pakaian	[pakajan]
cosmetica (f)	kosmetik	[kosmetiʔ]
alimentari (m pl)	produk makanan	[produʔ makanan]
regalo (m)	hadiah	[hadiah]
commesso (m)	pramuniaga	[pramuniaga]
commessa (f)	pramuniaga perempuan	[pramuniaga pərempuan]

cassa (f)	kas	[kas]
specchio (m)	cermin	[tʃermin]
banco (m)	konter	[konter]
camerino (m)	kamar pas	[kamar pas]

provare (~ un vestito)	mengepas	[məŋepas]
stare bene (vestito)	pas, cocok	[pas], [tʃotʃo']
piacere (vi)	suka	[suka]

prezzo (m)	harga	[harga]
etichetta (f) del prezzo	label harga	[label harga]
costare (vt)	berharga	[bərharga]
Quanto?	Berapa?	[bərapa?]
sconto (m)	diskon	[diskon]

no muy caro (agg)	tidak mahal	[tida' mahal]
a buon mercato	murah	[murah]
caro (agg)	mahal	[mahal]
È caro	Ini mahal	[ini mahal]

noleggio (m)	rental, persewaan	[rental], [pərsewa'an]
noleggiare (~ un abito)	menyewa	[mənjewa]
credito (m)	kredit	[kredit]
a credito	secara kredit	[setʃara kredit]

ABBIGLIAMENTO E ACCESSORI

32. Indumenti. Soprabiti

vestiti (m pl)	**pakaian**	[pakajan]
soprabito (m)	**pakaian luar**	[pakajan luar]
abiti (m pl) invernali	**pakaian musim dingin**	[pakajan musim diŋin]
cappotto (m)	**mantel**	[mantel]
pelliccia (f)	**mantel bulu**	[mantel bulu]
pellicciotto (m)	**jaket bulu**	[dʒʲaket bulu]
piumino (m)	**jaket bulu halus**	[dʒʲaket bulu halus]
giubbotto (m), giaccha (f)	**jaket**	[dʒʲaket]
impermeabile (m)	**jas hujan**	[dʒʲas hudʒʲan]
impermeabile (agg)	**kedap air**	[kedap air]

33. Abbigliamento uomo e donna

camicia (f)	**kemeja**	[kemedʒʲa]
pantaloni (m pl)	**celana**	[tʃelana]
jeans (m pl)	**celana jins**	[tʃelana dʒins]
giacca (f) (~ di tweed)	**jas**	[dʒʲas]
abito (m) da uomo	**setelan**	[setelan]
abito (m)	**gaun**	[gaun]
gonna (f)	**rok**	[roˀ]
camicetta (f)	**blus**	[blus]
giacca (f) a maglia	**jaket wol**	[dʒʲaket wol]
giacca (f) tailleur	**jaket**	[dʒʲaket]
maglietta (f)	**baju kaus**	[badʒʲu kaus]
pantaloni (m pl) corti	**celana pendek**	[tʃelana pendeˀ]
tuta (f) sportiva	**pakaian olahraga**	[pakajan olahraga]
accappatoio (m)	**jubah mandi**	[dʒʲubah mandi]
pigiama (m)	**piyama**	[piyama]
maglione (m)	**sweter**	[sweter]
pullover (m)	**pulover**	[pulover]
gilè (m)	**rompi**	[rompi]
frac (m)	**jas berbuntut**	[dʒʲas bərbuntut]
smoking (m)	**jas malam**	[dʒʲas malam]
uniforme (f)	**seragam**	[seragam]
tuta (f) da lavoro	**pakaian kerja**	[pakajan kerdʒʲa]
salopette (f)	**baju monyet**	[badʒʲu monjet]
camice (m) (~ del dottore)	**jas**	[dʒʲas]

34. Abbigliamento. Biancheria intima

biancheria (f) intima	pakaian dalam	[pakajan dalam]
boxer (m pl)	celana dalam lelaki	[ʧelana dalam lelaki]
mutandina (f)	celana dalam wanita	[ʧelana dalam wanita]
maglietta (f) intima	singlet	[siŋlet]
calzini (m pl)	kaus kaki	[kaus kaki]
camicia (f) da notte	baju tidur	[baʤʲu tidur]
reggiseno (m)	beha	[beha]
calzini (m pl) alti	kaus kaki selutut	[kaus kaki selutut]
collant (m)	pantihos	[pantihos]
calze (f pl)	kaus kaki panjang	[kaus kaki panʤʲaŋ]
costume (m) da bagno	baju renang	[baʤʲu renaŋ]

35. Copricapo

cappello (m)	topi	[topi]
cappello (m) di feltro	topi bulat	[topi bulat]
cappello (m) da baseball	topi bisbol	[topi bisbol]
coppola (f)	topi pet	[topi pet]
basco (m)	baret	[baret]
cappuccio (m)	kerudung kepala	[keruduŋ kepala]
panama (m)	topi panama	[topi panama]
berretto (m) a maglia	topi rajut	[topi raʤʲut]
fazzoletto (m) da capo	tudung kepala	[tuduŋ kepala]
cappellino (m) donna	topi wanita	[topi wanita]
casco (m) (~ di sicurezza)	topi baja	[topi baʤʲa]
bustina (f)	topi lipat	[topi lipat]
casco (m) (~ moto)	helm	[helm]
bombetta (f)	topi bulat	[topi bulat]
cilindro (m)	topi tinggi	[topi tiŋgi]

36. Calzature

calzature (f pl)	sepatu	[sepatu]
stivaletti (m pl)	sepatu bot	[sepatu bot]
scarpe (f pl)	sepatu wanita	[sepatu wanita]
stivali (m pl)	sepatu lars	[sepatu lars]
pantofole (f pl)	pantofel	[pantofel]
scarpe (f pl) da tennis	sepatu tenis	[sepatu tenis]
scarpe (f pl) da ginnastica	sepatu kets	[sepatu kets]
sandali (m pl)	sandal	[sandal]
calzolaio (m)	tukang sepatu	[tukaŋ sepatu]
tacco (m)	tumit	[tumit]

paio (m)	sepasang	[sepasaŋ]
laccio (m)	tali sepatu	[tali sepatu]
allacciare (vt)	mengikat tali	[məŋikat tali]
calzascarpe (m)	sendok sepatu	[sendo' sepatu]
lucido (m) per le scarpe	semir sepatu	[semir sepatu]

37. Accessori personali

guanti (m pl)	sarung tangan	[saruŋ taŋan]
manopole (f pl)	sarung tangan	[saruŋ taŋan]
sciarpa (f)	selendang	[selendaŋ]

occhiali (m pl)	kacamata	[katʃamata]
montatura (f)	bingkai	[biŋkaj]
ombrello (m)	payung	[pajuŋ]
bastone (m)	tongkat jalan	[toŋkat dʒʲalan]
spazzola (f) per capelli	sikat rambut	[sikat rambut]
ventaglio (m)	kipas	[kipas]

cravatta (f)	dasi	[dasi]
cravatta (f) a farfalla	dasi kupu-kupu	[dasi kupu-kupu]
bretelle (f pl)	bretel	[bretel]
fazzoletto (m)	sapu tangan	[sapu taŋan]

pettine (m)	sisir	[sisir]
fermaglio (m)	jepit rambut	[dʒʲepit rambut]
forcina (f)	harnal	[harnal]
fibbia (f)	gesper	[gesper]

| cintura (f) | sabuk | [sabu'] |
| spallina (f) | tali tas | [tali tas] |

borsa (f)	tas	[tas]
borsetta (f)	tas tangan	[tas taŋan]
zaino (m)	ransel	[ransel]

38. Abbigliamento. Varie

moda (f)	mode	[mode]
di moda	modis	[modis]
stilista (m)	perancang busana	[pərantʃaŋ busana]

collo (m)	kerah	[kerah]
tasca (f)	saku	[saku]
tascabile (agg)	saku	[saku]
manica (f)	lengan	[leŋan]
asola (f) per appendere	tali kait	[tali kait]
patta (f) (~ dei pantaloni)	golbi	[golbi]

cerniera (f) lampo	ritsleting	[ritsletiŋ]
chiusura (f)	kancing	[kantʃiŋ]
bottone (m)	kancing	[kantʃiŋ]

| occhiello (m) | lubang kancing | [lubaŋ kantʃiŋ] |
| staccarsi (un bottone) | terlepas | [tərlepas] |

cucire (vi, vt)	menjahit	[məndʒʲahit]
ricamare (vi, vt)	membordir	[membordir]
ricamo (m)	bordiran	[bordiran]
ago (m)	jarum	[dʒʲarum]
filo (m)	benang	[benaŋ]
cucitura (f)	setik	[setiʔ]

sporcarsi (vr)	kena kotor	[kena kotor]
macchia (f)	bercak	[bertʃaʔ]
sgualcirsi (vr)	kumal	[kumal]
strappare (vt)	merobek	[merobeʔ]
tarma (f)	ngengat	[ŋeŋat]

39. Cura della persona. Cosmetici

dentifricio (m)	pasta gigi	[pasta gigi]
spazzolino (m) da denti	sikat gigi	[sikat gigi]
lavarsi i denti	menggosok gigi	[məŋgoso' gigi]

rasoio (m)	pisau cukur	[pisau tʃukur]
crema (f) da barba	krim cukur	[krim tʃukur]
rasarsi (vr)	bercukur	[bərtʃukur]

| sapone (m) | sabun | [sabun] |
| shampoo (m) | sampo | [sampo] |

forbici (f pl)	gunting	[guntiŋ]
limetta (f)	kikir kuku	[kikir kuku]
tagliaunghie (m)	pemotong kuku	[pemotoŋ kuku]
pinzette (f pl)	pinset	[pinset]

cosmetica (f)	kosmetik	[kosmetiʔ]
maschera (f) di bellezza	masker	[masker]
manicure (m)	manikur	[manikur]
fare la manicure	melakukan manikur	[melakukan manikur]
pedicure (m)	pedi	[pedi]

borsa (f) del trucco	tas kosmetik	[tas kosmetiʔ]
cipria (f)	bedak	[bedaʔ]
portacipria (m)	kotak bedak	[kota' beda']
fard (m)	perona pipi	[perona pipi]

profumo (m)	parfum	[parfum]
acqua (f) da toeletta	minyak wangi	[minja' waŋi]
lozione (f)	losion	[losjon]
acqua (f) di Colonia	kolonye	[kolone]

ombretto (m)	pewarna mata	[pewarna mata]
eyeliner (m)	pensil alis	[pensil alis]
mascara (m)	celak	[tʃela']
rossetto (m)	lipstik	[lipstiʔ]

45

smalto (m)	kuteks, cat kuku	[kuteks], [ʧat kuku]
lacca (f) per capelli	semprotan rambut	[semprotan rambut]
deodorante (m)	deodoran	[deodoran]

crema (f)	krim	[krim]
crema (f) per il viso	krim wajah	[krim wadʒʲah]
crema (f) per le mani	krim tangan	[krim taŋan]
crema (f) antirughe	krim antikerut	[krim antikerut]
crema (f) da giorno	krim siang	[krim siaŋ]
crema (f) da notte	krim malam	[krim malam]
da giorno	siang	[siaŋ]
da notte	malam	[malam]

tampone (m)	tampon	[tampon]
carta (f) igienica	kertas toilet	[kertas toylet]
fon (m)	pengering rambut	[peŋeriŋ rambut]

40. Orologi da polso. Orologio

orologio (m) (~ da polso)	arloji	[arlodʒi]
quadrante (m)	piringan jam	[piriŋan dʒʲam]
lancetta (f)	jarum	[dʒʲarum]
braccialetto (m)	rantai arloji	[rantaj arlodʒi]
cinturino (m)	tali arloji	[tali arlodʒi]

pila (f)	baterai	[bateraj]
essere scarico	mati	[mati]
cambiare la pila	mengganti baterai	[meŋganti bateraj]
andare avanti	cepat	[ʧepat]
andare indietro	terlambat	[terlambat]

orologio (m) da muro	jam dinding	[dʒʲam dindiŋ]
clessidra (f)	jam pasir	[dʒʲam pasir]
orologio (m) solare	jam matahari	[dʒʲam matahari]
sveglia (f)	weker	[weker]
orologiaio (m)	tukang jam	[tukaŋ dʒʲam]
riparare (vt)	mereparasi, memperbaiki	[mereparasi], [memperbajki]

L'ESPERIENZA QUOTIDIANA

41. Denaro

soldi (m pl)	uang	[uaŋ]
cambio (m)	pertukaran mata uang	[pərtukaran mata uaŋ]
corso (m) di cambio	nilai tukar	[nilaj tukar]
bancomat (m)	Anjungan Tunai Mandiri, ATM	[andʒʲuŋan tunaj mandiri], [a-te-em]
moneta (f)	koin	[koin]
dollaro (m)	dolar	[dolar]
euro (m)	euro	[euro]
lira (f)	lira	[lira]
marco (m)	Mark Jerman	[mar' dʒʲerman]
franco (m)	franc	[frantʃ]
sterlina (f)	poundsterling	[paundsterliŋ]
yen (m)	yen	[yen]
debito (m)	utang	[utaŋ]
debitore (m)	pengutang	[peŋutaŋ]
prestare (~ i soldi)	meminjamkan	[memindʒʲamkan]
prendere in prestito	meminjam	[memindʒʲam]
banca (f)	bank	[ban']
conto (m)	rekening	[rekeniŋ]
versare (vt)	memasukkan	[memasu'kan]
versare sul conto	memasukkan ke rekening	[memasu'kan ke rekeniŋ]
prelevare dal conto	menarik uang	[mənari' uaŋ]
carta (f) di credito	kartu kredit	[kartu kredit]
contanti (m pl)	uang kontan, uang tunai	[uaŋ kontan], [uaŋ tunaj]
assegno (m)	cek	[tʃe']
emettere un assegno	menulis cek	[mənulis tʃe']
libretto (m) di assegni	buku cek	[buku tʃe']
portafoglio (m)	dompet	[dompet]
borsellino (m)	dompet, pundi-pundi	[dompet], [pundi-pundi]
cassaforte (f)	brankas	[brankas]
erede (m)	pewaris	[pewaris]
eredità (f)	warisan	[warisan]
fortuna (f)	kekayaan	[kekaja'an]
affitto (m), locazione (f)	sewa	[sewa]
canone (m) d'affitto	uang sewa	[uaŋ sewa]
affittare (dare in affitto)	menyewa	[mənjewa]
prezzo (m)	harga	[harga]
costo (m)	harga	[harga]

somma (f)	jumlah	[dʒ'umlah]
spendere (vt)	menghabiskan	[məŋhabiskan]
spese (f pl)	ongkos	[oŋkos]
economizzare (vi, vt)	menghemat	[məŋhemat]
economico (agg)	hemat	[hemat]

pagare (vi, vt)	membayar	[membajar]
pagamento (m)	pembayaran	[pembajaran]
resto (m) (dare il ~)	kembalian	[kembalian]

imposta (f)	pajak	[padʒ'a']
multa (f), ammenda (f)	denda	[denda]
multare (vt)	mendenda	[məndenda]

42. Posta. Servizio postale

ufficio (m) postale	kantor pos	[kantor pos]
posta (f) (lettere, ecc.)	surat	[surat]
postino (m)	tukang pos	[tukaŋ pos]
orario (m) di apertura	jam buka	[dʒ'am buka]

lettera (f)	surat	[surat]
raccomandata (f)	surat tercatat	[surat tərtʃatat]
cartolina (f)	kartu pos	[kartu pos]
telegramma (m)	telegram	[telegram]
pacco (m) postale	parsel, paket pos	[parsel], [paket pos]
vaglia (m) postale	wesel pos	[wesel pos]

ricevere (vt)	menerima	[mənerima]
spedire (vt)	mengirim	[məŋirim]
invio (m)	pengiriman	[peŋiriman]
indirizzo (m)	alamat	[alamat]
codice (m) postale	kode pos	[kode pos]
mittente (m)	pengirim	[peŋirim]
destinatario (m)	penerima	[penerima]

nome (m)	nama	[nama]
cognome (m)	nama keluarga	[nama keluarga]
tariffa (f)	tarif	[tarif]
ordinario (agg)	biasa, standar	[biasa], [standar]
standard (agg)	ekonomis	[ekonomis]

peso (m)	berat	[berat]
pesare (vt)	menimbang	[mənimbaŋ]
busta (f)	amplop	[amplop]
francobollo (m)	prangko	[praŋko]
affrancare (vt)	menempelkan prangko	[mənempelkan praŋko]

43. Attività bancaria

banca (f)	bank	[ban']
filiale (f)	cabang	[tʃabaŋ]

| consulente (m) | konsultan | [konsultan] |
| direttore (m) | manajer | [manadʒꞌer] |

conto (m) bancario	rekening	[rekeniŋ]
numero (m) del conto	nomor rekening	[nomor rekeniŋ]
conto (m) corrente	rekening koran	[rekeniŋ koran]
conto (m) di risparmio	rekening simpanan	[rekeniŋ simpanan]

aprire un conto	membuka rekening	[membuka rekeniŋ]
chiudere il conto	menutup rekening	[mənutup rekeniŋ]
versare sul conto	memasukkan ke rekening	[memasuꞌkan ke rekeniŋ]
prelevare dal conto	menarik uang	[mənariꞌ uaŋ]

deposito (m)	deposito	[deposito]
depositare (vt)	melakukan setoran	[melakukan setoran]
trasferimento (m) telegrafico	transfer kawat	[transfer kawat]
rimettere i soldi	mentransfer	[məntransfer]

| somma (f) | jumlah | [dʒꞌumlah] |
| Quanto? | Berapa? | [bərapa?] |

| firma (f) | tanda tangan | [tanda taŋan] |
| firmare (vt) | menandatangani | [mənandataŋani] |

carta (f) di credito	kartu kredit	[kartu kredit]
codice (m)	kode	[kode]
numero (m) della carta di credito	nomor kartu kredit	[nomor kartu kredit]
bancomat (m)	Anjungan Tunai Mandiri, ATM	[andʒꞌuŋan tunaj mandiri], [a-te-em]

assegno (m)	cek	[tʃeꞌ]
emettere un assegno	menulis cek	[mənulis tʃeꞌ]
libretto (m) di assegni	buku cek	[buku tʃeꞌ]

prestito (m)	kredit, pinjaman	[kredit], [pindʒꞌaman]
fare domanda per un prestito	meminta kredit	[meminta kredit]
ottenere un prestito	mendapatkan kredit	[məndapatkan kredit]
concedere un prestito	memberikan kredit	[memberikan kredit]
garanzia (f)	jaminan	[dʒꞌaminan]

44. Telefono. Conversazione telefonica

telefono (m)	telepon	[telepon]
telefonino (m)	ponsel	[ponsel]
segreteria (f) telefonica	mesin penjawab panggilan	[mesin pendʒꞌawab paŋgilan]

| telefonare (vi, vt) | menelepon | [mənelepon] |
| chiamata (f) | panggilan telepon | [paŋgilan telepon] |

comporre un numero	memutar nomor telepon	[memutar nomor telepon]
Pronto!	Halo!	[halo!]
chiedere (domandare)	bertanya	[bərtanja]
rispondere (vi, vt)	menjawab	[məndʒꞌawab]

udire (vt)	mendengar	[məndeŋar]
bene	baik	[baj’]
male	buruk, jelek	[buruk], [dʒielе’]
disturbi (m pl)	bising, gangguan	[bisiŋ], [gaŋguan]

cornetta (f)	gagang	[gagaŋ]
alzare la cornetta	mengangkat telepon	[məŋaŋkat telepon]
riattaccare la cornetta	menutup telepon	[mənutup telepon]

occupato (agg)	sibuk	[sibu’]
squillare (del telefono)	berdering	[bərderiŋ]
elenco (m) telefonico	buku telepon	[buku telepon]

locale (agg)	lokal	[lokal]
telefonata (f) urbana	panggilan lokal	[paŋgilan lokal]
interurbano (agg)	interlokal	[interlokal]
telefonata (f) interurbana	panggilan interlokal	[paŋgilan interlokal]
internazionale (agg)	internasional	[internasional]
telefonata (f) internazionale	panggilan internasional	[paŋgilan internasional]

45. Telefono cellulare

telefonino (m)	ponsel	[ponsel]
schermo (m)	layar	[lajar]
tasto (m)	kenop	[kenop]
scheda SIM (f)	kartu SIM	[kartu sim]

pila (f)	baterai	[bateraj]
essere scarico	mati	[mati]
caricabatteria (m)	pengisi baterai, pengecas	[peŋisi bateraj], [peŋetʃas]

menù (m)	menu	[menu]
impostazioni (f pl)	penyetelan	[penjetelan]
melodia (f)	nada panggil	[nada paŋgil]
scegliere (vt)	memilih	[memilih]

calcolatrice (f)	kalkulator	[kalkulator]
segreteria (f) telefonica	penjawab telepon	[pendʒiawab telepon]
sveglia (f)	weker	[weker]
contatti (m pl)	buku telepon	[buku telepon]

messaggio (m) SMS	pesan singkat	[pesan siŋkat]
abbonato (m)	pelanggan	[pelaŋgan]

46. Articoli di cancelleria

penna (f) a sfera	bolpen	[bolpen]
penna (f) stilografica	pena celup	[pena tʃelup]

matita (f)	pensil	[pensil]
evidenziatore (m)	spidol	[spidol]
pennarello (m)	spidol	[spidol]

taccuino (m)	buku catatan	[buku ʧatatan]
agenda (f)	agenda	[agenda]
righello (m)	mistar, penggaris	[mistar], [peŋgaris]
calcolatrice (f)	kalkulator	[kalkulator]
gomma (f) per cancellare	karet penghapus	[karet peŋhapus]
puntina (f)	paku payung	[paku pajuŋ]
graffetta (f)	penjepit kertas	[pendʒʲepit kertas]
colla (f)	lem	[lem]
pinzatrice (f)	stapler	[stapler]
perforatrice (f)	alat pelubang kertas	[alat pelubaŋ kertas]
temperamatite (m)	rautan pensil	[rautan pensil]

47. Lingue straniere

lingua (f)	bahasa	[bahasa]
straniero (agg)	asing	[asiŋ]
lingua (f) straniera	bahasa asing	[bahasa asiŋ]
studiare (vt)	mempelajari	[mempeladʒʲari]
imparare (una lingua)	belajar	[beladʒʲar]
leggere (vi, vt)	membaca	[membatʃa]
parlare (vi, vt)	berbicara	[bərbitʃara]
capire (vt)	mengerti	[məŋerti]
scrivere (vi, vt)	menulis	[mənulis]
rapidamente	cepat, fasih	[ʧepat], [fasih]
lentamente	perlahan-lahan	[pərlahan-lahan]
correntemente	fasih	[fasih]
regole (f pl)	peraturan	[pəraturan]
grammatica (f)	tatabahasa	[tatabahasa]
lessico (m)	kosakata	[kosakata]
fonetica (f)	fonetik	[foneti']
manuale (m)	buku pelajaran	[buku peladʒʲaran]
dizionario (m)	kamus	[kamus]
manuale (m) autodidattico	buku autodidak	[buku autodida']
frasario (m)	panduan percakapan	[panduan pərtʃakapan]
cassetta (f)	kaset	[kaset]
videocassetta (f)	kaset video	[kaset video]
CD (m)	cakram kompak	[ʧakram kompa']
DVD (m)	cakram DVD	[ʧakram di-vi-di]
alfabeto (m)	alfabet, abjad	[alfabet], [abdʒʲad]
compitare (vt)	mengeja	[məŋedʒʲa]
pronuncia (f)	pelafalan	[pelafalan]
accento (m)	aksen	[aksen]
con un accento	dengan aksen	[deŋan aksen]
senza accento	tanpa aksen	[tanpa aksen]
vocabolo (m)	kata	[kata]

significato (m)	arti	[arti]
corso (m) (~ di francese)	kursus	[kursus]
iscriversi (vr)	Mendaftar	[məndaftar]
insegnante (m, f)	guru	[guru]
traduzione (f) (fare una ~)	penerjemahan	[penerʤˈemahan]
traduzione (f) (un testo)	terjemahan	[tərʤˈemahan]
traduttore (m)	penerjemah	[penerʤˈemah]
interprete (m)	juru bahasa	[ʤˈuru bahasa]
poliglotta (m)	poliglot	[poliglot]
memoria (f)	memori, daya ingat	[memori], [daja iŋat]

PASTI. RISTORANTE

48. Preparazione della tavola

cucchiaio (m)	sendok	[sendoʔ]
coltello (m)	pisau	[pisau]
forchetta (f)	garpu	[garpu]
tazza (f)	cangkir	[tʃaŋkir]
piatto (m)	piring	[piriŋ]
piattino (m)	alas cangkir	[alas tʃaŋkir]
tovagliolo (m)	serbet	[serbet]
stuzzicadenti (m)	tusuk gigi	[tusu' gigi]

49. Ristorante

ristorante (m)	restoran	[restoran]
caffè (m)	warung kopi	[waruŋ kopi]
pub (m), bar (m)	bar	[bar]
sala (f) da tè	warung teh	[waruŋ teh]
cameriere (m)	pelayan lelaki	[pelajan lelaki]
cameriera (f)	pelayan perempuan	[pelajan perempuan]
barista (m)	pelayan bar	[pelajan bar]
menù (m)	menu	[menu]
lista (f) dei vini	daftar anggur	[daftar aŋgur]
prenotare un tavolo	memesan meja	[memesan medʒʲa]
piatto (m)	masakan, hidangan	[masakan], [hidaŋan]
ordinare (~ il pranzo)	memesan	[memesan]
fare un'ordinazione	memesan	[memesan]
aperitivo (m)	aperitif	[aperitif]
antipasto (m)	makanan ringan	[makanan riŋan]
dolce (m)	hidangan penutup	[hidaŋan penutup]
conto (m)	bon	[bon]
pagare il conto	membayar bon	[membajar bon]
dare il resto	memberikan uang kembalian	[memberikan uaŋ kembalian]
mancia (f)	tip	[tip]

50. Pasti

cibo (m)	makanan	[makanan]
mangiare (vi, vt)	makan	[makan]

colazione (f)	makan pagi, sarapan	[makan pagi], [sarapan]
fare colazione	sarapan	[sarapan]
pranzo (m)	makan siang	[makan siaŋ]
pranzare (vi)	makan siang	[makan siaŋ]
cena (f)	makan malam	[makan malam]
cenare (vi)	makan malam	[makan malam]

| appetito (m) | nafsu makan | [nafsu makan] |
| Buon appetito! | Selamat makan! | [selamat makan!] |

| aprire (vt) | membuka | [membuka] |
| rovesciare (~ il vino, ecc.) | menumpahkan | [mənumpahkan] |

bollire (vi)	mendidih	[məndidih]
far bollire	mendidihkan	[məndidihkan]
bollito (agg)	masak	[masaʔ]
raffreddare (vt)	mendinginkan	[məndiŋinkan]
raffreddarsi (vr)	mendingin	[məndiŋin]

| gusto (m) | rasa | [rasa] |
| retrogusto (m) | nuansa rasa | [nuansa rasa] |

essere a dieta	berdiet	[berdiet]
dieta (f)	diet, pola makan	[diet], [pola makan]
vitamina (f)	vitamin	[vitamin]
caloria (f)	kalori	[kalori]
vegetariano (m)	vegetarian	[vegetarian]
vegetariano (agg)	vegetarian	[vegetarian]

grassi (m pl)	lemak	[lemaʔ]
proteine (f pl)	protein	[protein]
carboidrati (m pl)	karbohidrat	[karbohidrat]

fetta (f), fettina (f)	irisan	[irisan]
pezzo (m) (~ di torta)	potongan	[potoŋan]
briciola (f) (~ di pane)	remah	[remah]

51. Pietanze cucinate

piatto (m) (~ principale)	masakan, hidangan	[masakan], [hidaŋan]
cucina (f)	masakan	[masakan]
ricetta (f)	resep	[resep]
porzione (f)	porsi	[porsi]

| insalata (f) | salada | [salada] |
| minestra (f) | sup | [sup] |

brodo (m)	kaldu	[kaldu]
panino (m)	roti lapis	[roti lapis]
uova (f pl) al tegamino	telur mata sapi	[telur mata sapi]

hamburger (m)	hamburger	[hamburger]
bistecca (f)	bistik	[bistiʔ]
contorno (m)	lauk	[lauʔ]

spaghetti (m pl)	spageti	[spageti]
purè (m) di patate	kentang tumbuk	[kentaŋ tumbu']
pizza (f)	piza	[piza]
porridge (m)	bubur	[bubur]
frittata (f)	telur dadar	[telur dadar]

bollito (agg)	rebus	[rebus]
affumicato (agg)	asap	[asap]
fritto (agg)	goreng	[goreŋ]
secco (agg)	kering	[keriŋ]
congelato (agg)	beku	[beku]
sottoaceto (agg)	marinade	[marinade]

dolce (gusto)	manis	[manis]
salato (agg)	asin	[asin]
freddo (agg)	dingin	[diŋin]
caldo (agg)	panas	[panas]
amaro (agg)	pahit	[pahit]
buono, gustoso (agg)	enak	[ena']

cuocere, preparare (vt)	merebus	[merebus]
cucinare (vi)	memasak	[memasa']
friggere (vt)	menggoreng	[məŋgoreŋ]
riscaldare (vt)	memanaskan	[memanaskan]

salare (vt)	menggarami	[məŋgarami]
pepare (vt)	membubuh merica	[membubuh meritʃa]
grattugiare (vt)	memarut	[memarut]
buccia (f)	kulit	[kulit]
sbucciare (vt)	mengupas	[məŋupas]

52. Cibo

carne (f)	daging	[dagiŋ]
pollo (m)	ayam	[ajam]
pollo (m) novello	anak ayam	[ana' ajam]
anatra (f)	bebek	[bebe']
oca (f)	angsa	[aŋsa]
cacciagione (f)	binatang buruan	[binataŋ buruan]
tacchino (m)	kalkun	[kalkun]

maiale (m)	daging babi	[dagiŋ babi]
vitello (m)	daging anak sapi	[dagiŋ ana' sapi]
agnello (m)	daging domba	[dagiŋ domba]
manzo (m)	daging sapi	[dagiŋ sapi]
coniglio (m)	kelinci	[kelintʃi]

salame (m)	sosis	[sosis]
w?rstel (m)	sosis	[sosis]
pancetta (f)	bakon	[beykon]
prosciutto (m)	ham, daging kornet	[ham], [dagiŋ kornet]
prosciutto (m) affumicato	ham	[ham]
pâté (m)	pasta	[pasta]
fegato (m)	hati	[hati]

carne (f) trita	daging giling	[dagiŋ giliŋ]
lingua (f)	lidah	[lidah]
uovo (m)	telur	[telur]
uova (f pl)	telur	[telur]
albume (m)	putih telur	[putih telur]
tuorlo (m)	kuning telur	[kuniŋ telur]
pesce (m)	ikan	[ikan]
frutti (m pl) di mare	makanan laut	[makanan laut]
crostacei (m pl)	krustasea	[krustasea]
caviale (m)	caviar	[kaviar]
granchio (m)	kepiting	[kepitiŋ]
gamberetto (m)	udang	[udaŋ]
ostrica (f)	tiram	[tiram]
aragosta (f)	lobster berduri	[lobster bərduri]
polpo (m)	gurita	[gurita]
calamaro (m)	cumi-cumi	[ʧumi-ʧumi]
storione (m)	ikan sturgeon	[ikan sturʤɛn]
salmone (m)	salmon	[salmon]
ippoglosso (m)	ikan turbot	[ikan turbot]
merluzzo (m)	ikan kod	[ikan kod]
scombro (m)	ikan kembung	[ikan kembuŋ]
tonno (m)	tuna	[tuna]
anguilla (f)	belut	[belut]
trota (f)	ikan forel	[ikan forel]
sardina (f)	sarden	[sarden]
luccio (m)	ikan pike	[ikan paik]
aringa (f)	ikan haring	[ikan hariŋ]
pane (m)	roti	[roti]
formaggio (m)	keju	[keʤʲu]
zucchero (m)	gula	[gula]
sale (m)	garam	[garam]
riso (m)	beras, nasi	[beras], [nasi]
pasta (f)	makaroni	[makaroni]
tagliatelle (f pl)	mi	[mi]
burro (m)	mentega	[məntega]
olio (m) vegetale	minyak nabati	[minja' nabati]
olio (m) di girasole	minyak bunga matahari	[minja' buŋa matahari]
margarina (f)	margarin	[margarin]
olive (f pl)	buah zaitun	[buah zajtun]
olio (m) d'oliva	minyak zaitun	[minja' zajtun]
latte (m)	susu	[susu]
latte (m) condensato	susu kental	[susu kental]
yogurt (m)	yogurt	[yogurt]
panna (f) acida	krim asam	[krim asam]
panna (f)	krim, kepala susu	[krim], [kepala susu]

| maionese (m) | mayones | [majones] |
| crema (f) | krim | [krim] |

cereali (m pl)	menir	[menir]
farina (f)	tepung	[tepuŋ]
cibi (m pl) in scatola	makanan kalengan	[makanan kaleŋan]

fiocchi (m pl) di mais	emping jagung	[empiŋ dʒ'aguŋ]
miele (m)	madu	[madu]
marmellata (f)	selai	[selaj]
gomma (f) da masticare	permen karet	[pərmen karet]

53. Bevande

acqua (f)	air	[air]
acqua (f) potabile	air minum	[air minum]
acqua (f) minerale	air mineral	[air mineral]

liscia (non gassata)	tanpa gas	[tanpa gas]
gassata (agg)	berkarbonasi	[bərkarbonasi]
frizzante (agg)	bergas	[bərgas]
ghiaccio (m)	es	[es]
con ghiaccio	dengan es	[deŋan es]

analcolico (agg)	tanpa alkohol	[tanpa alkohol]
bevanda (f) analcolica	minuman ringan	[minuman riŋan]
bibita (f)	minuman penygar	[minuman penigar]
limonata (f)	limun	[limun]

bevande (f pl) alcoliche	minoman beralkohol	[minoman beralkohol]
vino (m)	anggur	[aŋgur]
vino (m) bianco	anggur putih	[aŋgur putih]
vino (m) rosso	anggur merah	[aŋgur merah]

liquore (m)	likeur	[likeur]
champagne (m)	sampanye	[sampanje]
vermouth (m)	vermouth	[vermut]

whisky	wiski	[wiski]
vodka (f)	vodka	[vodka]
gin (m)	jin, jenewer	[dʒin], [dʒ'enewer]
cognac (m)	konyak	[konjaʔ]
rum (m)	rum	[rum]

caffè (m)	kopi	[kopi]
caffè (m) nero	kopi pahit	[kopi pahit]
caffè latte (m)	kopi susu	[kopi susu]
cappuccino (m)	cappuccino	[kaputʃino]
caffè (m) solubile	kopi instan	[kopi instan]

latte (m)	susu	[susu]
cocktail (m)	koktail	[koktajl]
frullato (m)	susu kocok	[susu kotʃoʔ]
succo (m)	jus	[dʒ'us]

succo (m) di pomodoro	jus tomat	[dʒius tomat]
succo (m) d'arancia	jus jeruk	[dʒius dʒieruʔ]
spremuta (f)	jus peras	[dʒius pəras]

birra (f)	bir	[bir]
birra (f) chiara	bir putih	[bir putih]
birra (f) scura	bir hitam	[bir hitam]

tè (m)	teh	[teh]
tè (m) nero	teh hitam	[teh hitam]
tè (m) verde	teh hijau	[teh hidʒiau]

54. Verdure

| ortaggi (m pl) | sayuran | [sajuran] |
| verdura (f) | sayuran hijau | [sajuran hidʒiau] |

pomodoro (m)	tomat	[tomat]
cetriolo (m)	mentimun, ketimun	[məntimun], [ketimun]
carota (f)	wortel	[wortel]
patata (f)	kentang	[kentaŋ]
cipolla (f)	bawang	[bawaŋ]
aglio (m)	bawang putih	[bawaŋ putih]

| cavolo (m) | kol | [kol] |
| cavolfiore (m) | kembang kol | [kembaŋ kol] |

| cavoletti (m pl) di Bruxelles | kol Brussels | [kol brusels] |
| broccolo (m) | brokoli | [brokoli] |

barbabietola (f)	ubi bit merah	[ubi bit merah]
melanzana (f)	terung, terong	[teruŋ], [təroŋ]
zucchina (f)	labu siam	[labu siam]

| zucca (f) | labu | [labu] |
| rapa (f) | turnip | [turnip] |

prezzemolo (m)	peterseli	[peterseli]
aneto (m)	adas sowa	[adas sowa]
lattuga (f)	selada	[selada]
sedano (m)	seledri	[seledri]

| asparago (m) | asparagus | [asparagus] |
| spinaci (m pl) | bayam | [bajam] |

| pisello (m) | kacang polong | [katʃaŋ poloŋ] |
| fave (f pl) | kacang-kacangan | [katʃaŋ-katʃaŋan] |

| mais (m) | jagung | [dʒiaguŋ] |
| fagiolo (m) | kacang buncis | [katʃaŋ buntʃis] |

peperone (m)	cabai	[tʃabaj]
ravanello (m)	radis	[radis]
carciofo (m)	artisyok	[artiʃoʔ]

55. Frutta. Noci

frutto (m)	buah	[buah]
mela (f)	apel	[apel]
pera (f)	pir	[pir]
limone (m)	jeruk sitrun	[ʤˈeruʔ sitrun]
arancia (f)	jeruk manis	[ʤˈeruʔ manis]
fragola (f)	stroberi	[stroberi]
mandarino (m)	jeruk mandarin	[ʤˈeruʔ mandarin]
prugna (f)	plum	[plum]
pesca (f)	persik	[persiʔ]
albicocca (f)	aprikot	[aprikot]
lampone (m)	buah frambus	[buah frambus]
ananas (m)	nanas	[nanas]
banana (f)	pisang	[pisaŋ]
anguria (f)	semangka	[semaŋka]
uva (f)	buah anggur	[buah aŋgur]
amarena (f)	buah ceri asam	[buah ʧeri asam]
ciliegia (f)	buah ceri manis	[buah ʧeri manis]
melone (m)	melon	[melon]
pompelmo (m)	jeruk Bali	[ʤˈeruʔ bali]
avocado (m)	avokad	[avokad]
papaia (f)	pepaya	[pepaja]
mango (m)	mangga	[maŋga]
melagrana (f)	buah delima	[buah delima]
ribes (m) rosso	redcurrant	[redkaren]
ribes (m) nero	blackcurrant	[bleʔkaren]
uva (f) spina	buah arbei hijau	[buah arbei hiʤˈau]
mirtillo (m)	buah bilberi	[buah bilberi]
mora (f)	beri hitam	[beri hitam]
uvetta (f)	kismis	[kismis]
fico (m)	buah ara	[buah ara]
dattero (m)	buah kurma	[buah kurma]
arachide (f)	kacang tanah	[kaʧaŋ tanah]
mandorla (f)	badam	[badam]
noce (f)	buah walnut	[buah walnut]
nocciola (f)	kacang hazel	[kaʧaŋ hazel]
noce (f) di cocco	buah kelapa	[buah kelapa]
pistacchi (m pl)	badam hijau	[badam hiʤˈau]

56. Pane. Dolci

pasticceria (f)	kue-mue	[kue-mue]
pane (m)	roti	[roti]
biscotti (m pl)	biskuit	[biskuit]
cioccolato (m)	cokelat	[ʧokelat]
al cioccolato (agg)	cokelat	[ʧokelat]

caramella (f)	permen	[pərmen]
tortina (f)	kue	[kue]
torta (f)	kue tar	[kue tar]

| crostata (f) | pai | [pai] |
| ripieno (m) | inti | [inti] |

marmellata (f)	selai buah utuh	[selaj buah utuh]
marmellata (f) di agrumi	marmelade	[marmelade]
wafer (m)	wafel	[wafel]
gelato (m)	es krim	[es krim]
budino (m)	puding	[pudiŋ]

57. Spezie

sale (m)	garam	[garam]
salato (agg)	asin	[asin]
salare (vt)	menggarami	[məŋgarami]

pepe (m) nero	merica	[meritʃa]
peperoncino (m)	cabai merah	[tʃabaj merah]
senape (f)	mustar	[mustar]
cren (m)	lobak pedas	[loba' pedas]

condimento (m)	bumbu	[bumbu]
spezie (f pl)	rempah-rempah	[rempah-rempah]
salsa (f)	saus	[saus]
aceto (m)	cuka	[tʃuka]

anice (m)	adas manis	[adas manis]
basilico (m)	selasih	[selasih]
chiodi (m pl) di garofano	cengkih	[tʃeŋkih]
zenzero (m)	jahe	[dʒʲahe]
coriandolo (m)	ketumbar	[ketumbar]
cannella (f)	kayu manis	[kaju manis]

sesamo (m)	wijen	[widʒʲen]
alloro (m)	daun salam	[daun salam]
paprica (f)	cabai	[tʃabaj]
cumino (m)	jintan	[dʒintan]
zafferano (m)	kuma-kuma	[kuma-kuma]

INFORMAZIONI PERSONALI. FAMIGLIA

58. Informazioni personali. Moduli

nome (m)	nama, nama depan	[nama], [nama depan]
cognome (m)	nama keluarga	[nama keluarga]
data (f) di nascita	tanggal lahir	[taŋgal lahir]
luogo (m) di nascita	tempat lahir	[tempat lahir]
nazionalità (f)	kebangsaan	[kebaŋsa'an]
domicilio (m)	tempat tinggal	[tempat tiŋgal]
paese (m)	negara, negeri	[negara], [negeri]
professione (f)	profesi	[profesi]
sesso (m)	jenis kelamin	[dʒienis kelamin]
statura (f)	tinggi badan	[tiŋgi badan]
peso (m)	berat	[berat]

59. Membri della famiglia. Parenti

madre (f)	ibu	[ibu]
padre (m)	ayah	[ajah]
figlio (m)	anak lelaki	[ana' lelaki]
figlia (f)	anak perempuan	[ana' perempuan]
figlia (f) minore	anak perempuan bungsu	[ana' perempuan buŋsu]
figlio (m) minore	anak lelaki bungsu	[ana' lelaki buŋsu]
figlia (f) maggiore	anak perempuan sulung	[ana' perempuan suluŋ]
figlio (m) maggiore	anak lelaki sulung	[ana' lelaki suluŋ]
fratello (m)	saudara lelaki	[saudara lelaki]
fratello (m) maggiore	kakak lelaki	[kaka' lelaki]
fratello (m) minore	adik lelaki	[adi' lelaki]
sorella (f)	saudara perempuan	[saudara perempuan]
sorella (f) maggiore	kakak perempuan	[kaka' perempuan]
sorella (f) minore	adik perempuan	[adi' perempuan]
cugino (m)	sepupu lelaki	[sepupu lelaki]
cugina (f)	sepupu perempuan	[sepupu perempuan]
mamma (f)	mama, ibu	[mama], [ibu]
papà (m)	papa, ayah	[papa], [ajah]
genitori (m pl)	orang tua	[oraŋ tua]
bambino (m)	anak	[ana']
bambini (m pl)	anak-anak	[ana'-ana']
nonna (f)	nenek	[nene']
nonno (m)	kakek	[kake']

nipote (m) (figlio di un figlio)	cucu laki-laki	[ʧuʧu laki-laki]
nipote (f)	cucu perempuan	[ʧuʧu pərempuan]
nipoti (pl)	cucu	[ʧuʧu]

zio (m)	paman	[paman]
zia (f)	bibi	[bibi]
nipote (m) (figlio di un fratello)	keponakan laki-laki	[keponakan laki-laki]
nipote (f)	keponakan perempuan	[keponakan pərempuan]

suocera (f)	ibu mertua	[ibu mertua]
suocero (m)	ayah mertua	[ajah mertua]
genero (m)	menantu laki-laki	[mənantu laki-laki]
matrigna (f)	ibu tiri	[ibu tiri]
patrigno (m)	ayah tiri	[ajah tiri]

neonato (m)	bayi	[baji]
infante (m)	bayi	[baji]
bimbo (m), ragazzino (m)	bocah cilik	[boʧah ʧili']

moglie (f)	istri	[istri]
marito (m)	suami	[suami]
coniuge (m)	suami	[suami]
coniuge (f)	istri	[istri]

sposato (agg)	menikah, beristri	[mənikah], [bəristri]
sposata (agg)	menikah, bersuami	[mənikah], [bərsuami]
celibe (agg)	bujang	[buʤaŋ]
scapolo (m)	bujang	[buʤaŋ]
divorziato (agg)	bercerai	[bərʧeraj]
vedova (f)	janda	[ʤanda]
vedovo (m)	duda	[duda]

parente (m)	kerabat	[kerabat]
parente (m) stretto	kerabat dekat	[kerabat dekat]
parente (m) lontano	kerabat jauh	[kerabat ʤauh]
parenti (m pl)	kerabat, sanak saudara	[kerabat], [sana' saudara]

orfano (m), orfana (f)	yatim piatu	[yatim piatu]
tutore (m)	wali	[wali]
adottare (~ un bambino)	mengadopsi	[məŋadopsi]
adottare (~ una bambina)	mengadopsi	[məŋadopsi]

60. Amici. Colleghi

amico (m)	sahabat	[sahabat]
amica (f)	sahabat	[sahabat]
amicizia (f)	persahabatan	[pərsahabatan]
essere amici	bersahabat	[bərsahabat]

amico (m) (inform.)	teman	[teman]
amica (f) (inform.)	teman	[teman]
partner (m)	mitra	[mitra]
capo (m)	atasan	[atasan]
capo (m), superiore (m)	atasan	[atasan]

proprietario (m)	**pemilik**	[pemili']
subordinato (m)	**bawahan**	[bawahan]
collega (m)	**kolega**	[kolega]
conoscente (m)	**kenalan**	[kenalan]
compagno (m) di viaggio	**rekan seperjalanan**	[rekan seperdʒʲalanan]
compagno (m) di classe	**teman sekelas**	[teman sekelas]
vicino (m)	**tetangga**	[tetaŋga]
vicina (f)	**tetangga**	[tetaŋga]
vicini (m pl)	**para tetangga**	[para tetaŋga]

CORPO UMANO. MEDICINALI

61. Testa

testa (f)	kepala	[kepala]
viso (m)	wajah	[wadʒiah]
naso (m)	hidung	[hiduŋ]
bocca (f)	mulut	[mulut]

occhio (m)	mata	[mata]
occhi (m pl)	mata	[mata]
pupilla (f)	pupil, biji mata	[pupil], [bidʒi mata]
sopracciglio (m)	alis	[alis]
ciglio (m)	bulu mata	[bulu mata]
palpebra (f)	kelopak mata	[kelopa' mata]

lingua (f)	lidah	[lidah]
dente (m)	gigi	[gigi]
labbra (f pl)	bibir	[bibir]
zigomi (m pl)	tulang pipi	[tulaŋ pipi]
gengiva (f)	gusi	[gusi]
palato (m)	langit-langit mulut	[laŋit-laŋit mulut]

narici (f pl)	lubang hidung	[lubaŋ hiduŋ]
mento (m)	dagu	[dagu]
mascella (f)	rahang	[rahaŋ]
guancia (f)	pipi	[pipi]

fronte (f)	dahi	[dahi]
tempia (f)	pelipis	[pelipis]
orecchio (m)	telinga	[teliŋa]
nuca (f)	tengkuk	[teŋku']
collo (m)	leher	[leher]
gola (f)	tenggorok	[teŋgoro']

capelli (m pl)	rambut	[rambut]
pettinatura (f)	tatanan rambut	[tatanan rambut]
taglio (m)	potongan rambut	[potoŋan rambut]
parrucca (f)	wig, rambut palsu	[wig], [rambut palsu]

baffi (m pl)	kumis	[kumis]
barba (f)	janggut	[dʒiaŋgut]
portare (~ la barba, ecc.)	memelihara	[memelihara]
treccia (f)	kepang	[kepaŋ]
basette (f pl)	brewok	[brewo']

rosso (agg)	merah pirang	[merah piraŋ]
brizzolato (agg)	beruban	[bəruban]
calvo (agg)	botak, plontos	[botak], [plontos]
calvizie (f)	botak	[bota']

| coda (f) di cavallo | ekor kuda | [ekor kuda] |
| frangetta (f) | poni rambut | [poni rambut] |

62. Corpo umano

| mano (f) | tangan | [taŋan] |
| braccio (m) | lengan | [leŋan] |

dito (m)	jari	[dʒ'ari]
dito (m) del piede	jari	[dʒ'ari]
pollice (m)	jempol	[dʒ'empol]
mignolo (m)	jari kelingking	[dʒ'ari keliŋkiŋ]
unghia (f)	kuku	[kuku]

pugno (m)	kepalan tangan	[kepalan taŋan]
palmo (m)	telapak	[telapaʔ]
polso (m)	pergelangan	[pərgelaŋan]
avambraccio (m)	lengan bawah	[leŋan bawah]
gomito (m)	siku	[siku]
spalla (f)	bahu	[bahu]

gamba (f)	kaki	[kaki]
pianta (f) del piede	telapak kaki	[telapaʔ kaki]
ginocchio (m)	lutut	[lutut]
polpaccio (m)	betis	[betis]
anca (f)	paha	[paha]
tallone (m)	tumit	[tumit]

corpo (m)	tubuh	[tubuh]
pancia (f)	perut	[perut]
petto (m)	dada	[dada]
seno (m)	payudara	[pajudara]
fianco (m)	rusuk	[rusuʔ]
schiena (f)	punggung	[puŋguŋ]
zona (f) lombare	pinggang bawah	[piŋgan bawah]
vita (f)	pinggang	[piŋgan]

ombelico (m)	pusar	[pusar]
natiche (f pl)	pantat	[pantat]
sedere (m)	pantat	[pantat]

neo (m)	tanda lahir	[tanda lahir]
voglia (f) (~ di fragola)	tanda lahir	[tanda lahir]
tatuaggio (m)	tato	[tato]
cicatrice (f)	parut luka	[parut luka]

63. Malattie

malattia (f)	penyakit	[penjakit]
essere malato	sakit	[sakit]
salute (f)	kesehatan	[kesehatan]
raffreddore (m)	hidung meler	[hiduŋ meler]

tonsillite (f)	radang tonsil	[radaŋ tonsil]
raffreddore (m)	pilek, selesma	[pilek], [selesma]
raffreddarsi (vr)	masuk angin	[masu' aŋin]

bronchite (f)	bronkitis	[bronkitis]
polmonite (f)	radang paru-paru	[radaŋ paru-paru]
influenza (f)	flu	[flu]

miope (agg)	rabun jauh	[rabun dʒʲauh]
presbite (agg)	rabun dekat	[rabun dekat]
strabismo (m)	mata juling	[mata dʒʲuliŋ]
strabico (agg)	bermata juling	[bərmata dʒʲuliŋ]
cateratta (f)	katarak	[katara']
glaucoma (m)	glaukoma	[glaukoma]

ictus (m) cerebrale	stroke	[stroke]
attacco (m) di cuore	infark	[infar']
infarto (m) miocardico	serangan jantung	[seraŋan dʒʲantuŋ]
paralisi (f)	kelumpuhan	[kelumpuhan]
paralizzare (vt)	melumpuhkan	[melumpuhkan]

allergia (f)	alergi	[alergi]
asma (f)	asma	[asma]
diabete (m)	diabetes	[diabetes]

| mal (m) di denti | sakit gigi | [sakit gigi] |
| carie (f) | karies | [karies] |

diarrea (f)	diare	[diare]
stitichezza (f)	konstipasi, sembelit	[konstipasi], [sembelit]
disturbo (m) gastrico	gangguan pencernaan	[gaŋuan pentʃarna'an]
intossicazione (f) alimentare	keracunan makanan	[keratʃunan makanan]
intossicarsi (vr)	keracunan makanan	[keratʃunan makanan]

artrite (f)	artritis	[artritis]
rachitide (f)	rakitis	[rakitis]
reumatismo (m)	rematik	[remati']
aterosclerosi (f)	aterosklerosis	[aterosklerosis]

gastrite (f)	radang perut	[radaŋ pərut]
appendicite (f)	apendisitis	[apendisitis]
colecistite (f)	radang pundi empedu	[radaŋ pundi empedu]
ulcera (f)	tukak lambung	[tuka' lambuŋ]

morbillo (m)	penyakit campak	[penjakit tʃampa']
rosolia (f)	penyakit campak Jerman	[penjakit tʃampa' dʒʲerman]
itterizia (f)	sakit kuning	[sakit kuniŋ]
epatite (f)	hepatitis	[hepatitis]

schizofrenia (f)	skizofrenia	[skizofrenia]
rabbia (f)	rabies	[rabies]
nevrosi (f)	neurosis	[neurosis]
commozione (f) cerebrale	gegar otak	[gegar ota']

| cancro (m) | kanker | [kanker] |
| sclerosi (f) | sklerosis | [sklerosis] |

sclerosi (f) multipla	sklerosis multipel	[sklerosis multipel]
alcolismo (m)	alkoholisme	[alkoholisme]
alcolizzato (m)	alkoholik	[alkoholi']
sifilide (f)	sifilis	[sifilis]
AIDS (m)	AIDS	[ajds]

tumore (m)	tumor	[tumor]
maligno (agg)	ganas	[ganas]
benigno (agg)	jinak	[dʒina']

febbre (f)	demam	[demam]
malaria (f)	malaria	[malaria]
cancrena (f)	gangren	[gaŋren]
mal (m) di mare	mabuk laut	[mabu' laut]
epilessia (f)	epilepsi	[epilepsi]

epidemia (f)	epidemi	[epidemi]
tifo (m)	tifus	[tifus]
tubercolosi (f)	tuberkulosis	[tuberkulosis]
colera (m)	kolera	[kolera]
peste (f)	penyakit pes	[penjakit pes]

64. Sintomi. Cure. Parte 1

sintomo (m)	gejala	[gedʒ'ala]
temperatura (f)	temperatur, suhu	[temperatur], [suhu]
febbre (f) alta	temperatur tinggi	[temperatur tiŋgi]
polso (m)	denyut nadi	[denyut nadi]

capogiro (m)	rasa pening	[rasa peniŋ]
caldo (agg)	panas	[panas]
brivido (m)	menggigil	[məŋgigil]
pallido (un viso ~)	pucat	[putʃat]

tosse (f)	batuk	[batu']
tossire (vi)	batuk	[batu']
starnutire (vi)	bersin	[bersin]
svenimento (m)	pingsan	[piŋsan]
svenire (vi)	jatuh pingsan	[dʒ'atuh piŋsan]

livido (m)	luka memar	[luka memar]
bernoccolo (m)	bengkak	[beŋka']
farsi un livido	terantuk	[tərantu']
contusione (f)	luka memar	[luka memar]
farsi male	kena luka memar	[kena luka memar]

zoppicare (vi)	pincang	[pintʃaŋ]
slogatura (f)	keseleo	[keseleo]
slogarsi (vr)	keseleo	[keseleo]
frattura (f)	fraktura, patah tulang	[fraktura], [patah tulaŋ]
fratturarsi (vr)	patah tulang	[patah tulaŋ]

| taglio (m) | teriris | [təriris] |
| tagliarsi (vr) | teriris | [təriris] |

emorragia (f)	perdarahan	[pərdarahan]
scottatura (f)	luka bakar	[luka bakar]
scottarsi (vr)	menderita luka bakar	[mənderita luka bakar]

pungere (vt)	menusuk	[mənusuʔ]
pungersi (vr)	tertusuk	[tərtusuʔ]
ferire (vt)	melukai	[melukaj]
ferita (f)	cedera	[tʃedera]
lesione (f)	luka	[luka]
trauma (m)	trauma	[trauma]

delirare (vi)	mengigau	[mənigau]
tartagliare (vi)	gagap	[gagap]
colpo (m) di sole	sengatan matahari	[seŋatan matahari]

65. Sintomi. Cure. Parte 2

dolore (m), male (m)	sakit	[sakit]
scheggia (f)	selumbar	[selumbar]

sudore (m)	keringat	[keriŋat]
sudare (vi)	berkeringat	[bərkeriŋat]
vomito (m)	muntah	[muntah]
convulsioni (f pl)	kram	[kram]

incinta (agg)	hamil	[hamil]
nascere (vi)	lahir	[lahir]
parto (m)	persalinan	[pərsalinan]
essere in travaglio di parto	melahirkan	[melahirkan]
aborto (m)	aborsi	[aborsi]

respirazione (f)	pernapasan	[pərnapasan]
inspirazione (f)	tarikan napas	[tarikan napas]
espirazione (f)	napas keluar	[napas keluar]
espirare (vi)	mengembuskan napas	[məŋembuskan napas]
inspirare (vi)	menarik napas	[mənariʔ napas]

invalido (m)	penderita cacat	[penderita tʃatʃat]
storpio (m)	penderita cacat	[penderita tʃatʃat]
drogato (m)	pecandu narkoba	[petʃandu narkoba]

sordo (agg)	tunarungu	[tunaruŋu]
muto (agg)	tunawicara	[tunawitʃara]
sordomuto (agg)	tunarungu-wicara	[tunaruŋu-witʃara]

matto (agg)	gila	[gila]
matto (m)	lelaki gila	[lelaki gila]
matta (f)	perempuan gila	[perempuan gila]
impazzire (vi)	menggila	[məŋgila]

gene (m)	gen	[gen]
immunità (f)	imunitas	[imunitas]
ereditario (agg)	turun-temurun	[turun-temurun]
innato (agg)	bawaan	[bawaʔan]

virus (m)	virus	[virus]
microbo (m)	mikroba	[mikroba]
batterio (m)	bakteri	[bakteri]
infezione (f)	infeksi	[infeksi]

66. Sintomi. Cure. Parte 3

ospedale (m)	rumah sakit	[rumah sakit]
paziente (m)	pasien	[pasien]
diagnosi (f)	diagnosis	[diagnosis]
cura (f)	perawatan	[pərawatan]
trattamento (m)	pengobatan medis	[peɲobatan medis]
curarsi (vr)	berobat	[bərobat]
curare (vt)	merawat	[merawat]
accudire (un malato)	merawat	[merawat]
assistenza (f)	pengasuhan	[peɲasuhan]
operazione (f)	operasi, pembedahan	[operasi], [pembedahan]
bendare (vt)	membalut	[membalut]
fasciatura (f)	pembalutan	[pembalutan]
vaccinazione (f)	vaksinasi	[vaksinasi]
vaccinare (vt)	memvaksinasi	[memvaksinasi]
iniezione (f)	suntikan	[suntikan]
fare una puntura	menyuntik	[mənyuntiʔ]
attacco (m) (~ epilettico)	serangan	[seraŋan]
amputazione (f)	amputasi	[amputasi]
amputare (vt)	mengamputasi	[meɲamputasi]
coma (m)	koma	[koma]
essere in coma	dalam keadaan koma	[dalam keadaʔan koma]
rianimazione (f)	perawatan intensif	[pərawatan intensif]
guarire (vi)	sembuh	[sembuh]
stato (f) (del paziente)	keadaan	[keadaʔan]
conoscenza (f)	kesadaran	[kesadaran]
memoria (f)	memori, daya ingat	[memori], [daja iŋat]
estrarre (~ un dente)	mencabut	[məntʃabut]
otturazione (f)	tambalan	[tambalan]
otturare (vt)	menambal	[mənambal]
ipnosi (f)	hipnosis	[hipnosis]
ipnotizzare (vt)	menghipnosis	[məŋhipnosis]

67. Medicinali. Farmaci. Accessori

medicina (f)	obat	[obat]
rimedio (m)	obat	[obat]
prescrivere (vt)	meresepkan	[meresepkan]
prescrizione (f)	resep	[resep]

compressa (f)	**pil, tablet**	[pil], [tablet]
unguento (m)	**salep**	[salep]
fiala (f)	**ampul**	[ampul]
pozione (f)	**obat cair**	[obat tʃajr]
sciroppo (m)	**sirop**	[sirop]
pillola (f)	**pil**	[pil]
polverina (f)	**bubuk**	[bubuʔ]
benda (f)	**perban**	[perban]
ovatta (f)	**kapas**	[kapas]
iodio (m)	**iodium**	[iodium]
cerotto (m)	**plester obat**	[plester obat]
contagocce (m)	**tetes mata**	[tetes mata]
termometro (m)	**termometer**	[tərmometər]
siringa (f)	**alat suntik**	[alat suntiʔ]
sedia (f) a rotelle	**kursi roda**	[kursi roda]
stampelle (f pl)	**kruk**	[kruʔ]
analgesico (m)	**obat bius**	[obat bius]
lassativo (m)	**laksatif, obat pencuci perut**	[laksatif], [obat pentʃutʃi perut]
alcol (m)	**spiritus, alkohol**	[spiritus], [alkohol]
erba (f) officinale	**tanaman obat**	[tanaman obat]
d'erbe (infuso ~)	**herbal**	[herbal]

APPARTAMENTO

68. Appartamento

appartamento (m)	apartemen	[apartemen]
camera (f), stanza (f)	kamar	[kamar]
camera (f) da letto	kamar tidur	[kamar tidur]
sala (f) da pranzo	ruang makan	[ruaŋ makan]
salotto (m)	ruang tamu	[ruaŋ tamu]
studio (m)	ruang kerja	[ruaŋ kerdʒʲa]
ingresso (m)	ruang depan	[ruaŋ depan]
bagno (m)	kamar mandi	[kamar mandi]
gabinetto (m)	kamar kecil	[kamar ketʃil]
soffitto (m)	plafon, langit-langit	[plafon], [laŋit-laŋit]
pavimento (m)	lantai	[lantaj]
angolo (m)	sudut	[sudut]

69. Arredamento. Interno

mobili (m pl)	mebel	[mebel]
tavolo (m)	meja	[medʒʲa]
sedia (f)	kursi	[kursi]
letto (m)	ranjang	[randʒʲaŋ]
divano (m)	dipan	[dipan]
poltrona (f)	kursi malas	[kursi malas]
libreria (f)	lemari buku	[lemari buku]
ripiano (m)	rak	[raʔ]
armadio (m)	lemari pakaian	[lemari pakajan]
attaccapanni (m) da parete	kapstok	[kapstoʔ]
appendiabiti (m) da terra	kapstok berdiri	[kapstoʔ berdiri]
comò (m)	lemari laci	[lemari latʃi]
tavolino (m) da salotto	meja kopi	[medʒʲa kopi]
specchio (m)	cermin	[tʃermin]
tappeto (m)	permadani	[permadani]
tappetino (m)	karpet kecil	[karpet ketʃil]
camino (m)	perapian	[perapian]
candela (f)	lilin	[lilin]
candeliere (m)	kaki lilin	[kaki lilin]
tende (f pl)	gorden	[gorden]
carta (f) da parati	kertas dinding	[kertas dindiŋ]

tende (f pl) alla veneziana	kerai	[keraj]
lampada (f) da tavolo	lampu meja	[lampu medʒia]
lampada (f) da parete	lampu dinding	[lampu dindiŋ]
lampada (f) a stelo	lampu lantai	[lampu lantaj]
lampadario (m)	lampu bercabang	[lampu bərtʃabaŋ]

gamba (f)	kaki	[kaki]
bracciolo (m)	lengan	[leŋan]
spalliera (f)	sandaran	[sandaran]
cassetto (m)	laci	[latʃi]

70. Biancheria da letto

biancheria (f) da letto	kain kasur	[kain kasur]
cuscino (m)	bantal	[bantal]
federa (f)	sarung bantal	[saruŋ bantal]
coperta (f)	selimut	[selimut]
lenzuolo (m)	seprai	[sepraj]
copriletto (m)	selubung kasur	[selubuŋ kasur]

71. Cucina

cucina (f)	dapur	[dapur]
gas (m)	gas	[gas]
fornello (m) a gas	kompor gas	[kompor gas]
fornello (m) elettrico	kompor listrik	[kompor listriʔ]
forno (m)	oven	[oven]
forno (m) a microonde	microwave	[majkrowav]

frigorifero (m)	lemari es, kulkas	[lemari es], [kulkas]
congelatore (m)	lemari pembeku	[lemari pembeku]
lavastoviglie (f)	mesin pencuci piring	[mesin pentʃutʃi piriŋ]

tritacarne (m)	alat pelumat daging	[alat pelumat dagiŋ]
spremifrutta (m)	mesin sari buah	[mesin sari buah]
tostapane (m)	alat pemanggang roti	[alat pemaŋgaŋ roti]
mixer (m)	pencampur	[pentʃampur]

macchina (f) da caffè	mesin pembuat kopi	[mesin pembuat kopi]
caffettiera (f)	teko kopi	[teko kopi]
macinacaffè (m)	mesin penggiling kopi	[mesin peŋgiliŋ kopi]

bollitore (m)	cerek	[tʃereʔ]
teiera (f)	teko	[teko]
coperchio (m)	tutup	[tutup]
colino (m) da tè	saringan teh	[sariŋan teh]

cucchiaio (m)	sendok	[sendoʔ]
cucchiaino (m) da tè	sendok teh	[sendoʔ teh]
cucchiaio (m)	sendok makan	[sendoʔ makan]
forchetta (f)	garpu	[garpu]
coltello (m)	pisau	[pisau]

stoviglie (f pl)	piring mangkuk	[piriŋ maŋku']
piatto (m)	piring	[piriŋ]
piattino (m)	alas cangkir	[alas ʧaŋkir]

cicchetto (m)	seloki	[seloki]
bicchiere (m) (~ d'acqua)	gelas	[gelas]
tazzina (f)	cangkir	[ʧaŋkir]

zuccheriera (f)	wadah gula	[wadah gula]
saliera (f)	wadah garam	[wadah garam]
pepiera (f)	wadah merica	[wadah meriʧa]
burriera (f)	wadah mentega	[wadah mentega]

pentola (f)	panci	[panʧi]
padella (f)	kuali	[kuali]
mestolo (m)	sudu	[sudu]
colapasta (m)	saringan	[sariŋan]
vassoio (m)	talam	[talam]

bottiglia (f)	botol	[botol]
barattolo (m) di vetro	gelas	[gelas]
latta, lattina (f)	kaleng	[kaleŋ]

apribottiglie (m)	pembuka botol	[pembuka botol]
apriscatole (m)	pembuka kaleng	[pembuka kaleŋ]
cavatappi (m)	kotrek	[kotre']
filtro (m)	saringan	[sariŋan]
filtrare (vt)	saringan	[sariŋan]

| spazzatura (f) | sampah | [sampah] |
| pattumiera (f) | tong sampah | [toŋ sampah] |

72. Bagno

bagno (m)	kamar mandi	[kamar mandi]
acqua (f)	air	[air]
rubinetto (m)	keran	[keran]
acqua (f) calda	air panas	[air panas]
acqua (f) fredda	air dingin	[air diŋin]

dentifricio (m)	pasta gigi	[pasta gigi]
lavarsi i denti	menggosok gigi	[məŋgoso' gigi]
spazzolino (m) da denti	sikat gigi	[sikat gigi]

rasarsi (vr)	bercukur	[bərʧukur]
schiuma (f) da barba	busa cukur	[busa ʧukur]
rasoio (m)	pisau cukur	[pisau ʧukur]

lavare (vt)	mencuci	[mənʧuʧi]
fare un bagno	mandi	[mandi]
doccia (f)	pancuran	[panʧuran]
fare una doccia	mandi pancuran	[mandi panʧuran]
vasca (f) da bagno	bak mandi	[ba' mandi]
water (m)	kloset	[kloset]

lavandino (m)	**wastafel**	[wastafel]
sapone (m)	**sabun**	[sabun]
porta (m) sapone	**wadah sabun**	[wadah sabun]
spugna (f)	**spons**	[spons]
shampoo (m)	**sampo**	[sampo]
asciugamano (m)	**handuk**	[handuʔ]
accappatoio (m)	**jubah mandi**	[dʒ|ubah mandi]
bucato (m)	**pencucian**	[pentʃutʃian]
lavatrice (f)	**mesin cuci**	[mesin tʃutʃi]
fare il bucato	**mencuci**	[məntʃutʃi]
detersivo (m) per il bucato	**deterjen cuci**	[deterdʒ|en tʃutʃi]

73. Elettrodomestici

televisore (m)	**pesawat TV**	[pesawat ti-vi]
registratore (m) a nastro	**alat perekam**	[alat perekam]
videoregistratore (m)	**video, VCR**	[vidio], [vi-si-er]
radio (f)	**radio**	[radio]
lettore (m)	**pemutar**	[pemutar]
videoproiettore (m)	**proyektor video**	[proektor video]
home cinema (m)	**bioskop rumah**	[bioskop rumah]
lettore (m) DVD	**pemutar DVD**	[pemutar di-vi-di]
amplificatore (m)	**penguat**	[peŋuat]
console (f) video giochi	**konsol permainan video**	[konsol pərmajnan video]
videocamera (f)	**kamera video**	[kamera video]
macchina (f) fotografica	**kamera**	[kamera]
fotocamera (f) digitale	**kamera digital**	[kamera digital]
aspirapolvere (m)	**pengisap debu**	[peŋisap debu]
ferro (m) da stiro	**setrika**	[setrika]
asse (f) da stiro	**papan setrika**	[papan setrika]
telefono (m)	**telepon**	[telepon]
telefonino (m)	**ponsel**	[ponsel]
macchina (f) da scrivere	**mesin ketik**	[mesin ketiʔ]
macchina (f) da cucire	**mesin jahit**	[mesin dʒ|ahit]
microfono (m)	**mikrofon**	[mikrofon]
cuffia (f)	**headphone, fonkepala**	[headphone], [fonkepala]
telecomando (m)	**panel kendali**	[panel kendali]
CD (m)	**cakram kompak**	[tʃakram kompaʔ]
cassetta (f)	**kaset**	[kaset]
disco (m) (vinile)	**piringan hitam**	[piriŋan hitam]

LA TERRA. TEMPO

74. L'Universo

cosmo (m)	angkasa	[aŋkasa]
cosmico, spaziale (agg)	angkasa	[aŋkasa]
spazio (m) cosmico	ruang angkasa	[ruaŋ aŋkasa]
mondo (m)	dunia	[dunia]
universo (m)	jagat raya	[dʒ'agat raja]
galassia (f)	galaksi	[galaksi]
stella (f)	bintang	[bintaŋ]
costellazione (f)	gugusan bintang	[gugusan bintaŋ]
pianeta (m)	planet	[planet]
satellite (m)	satelit	[satelit]
meteorite (m)	meteorit	[meteorit]
cometa (f)	komet	[komet]
asteroide (m)	asteroid	[asteroid]
orbita (f)	orbit	[orbit]
ruotare (vi)	berputar	[bərputar]
atmosfera (f)	atmosfer	[atmosfer]
il Sole	matahari	[matahari]
sistema (m) solare	tata surya	[tata surja]
eclisse (f) solare	gerhana matahari	[gerhana matahari]
la Terra	Bumi	[bumi]
la Luna	Bulan	[bulan]
Marte (m)	Mars	[mars]
Venere (f)	Venus	[venus]
Giove (m)	Yupiter	[yupiter]
Saturno (m)	Saturnus	[saturnus]
Mercurio (m)	Merkurius	[merkurius]
Urano (m)	Uranus	[uranus]
Nettuno (m)	Neptunus	[neptunus]
Plutone (m)	Pluto	[pluto]
Via (f) Lattea	Bimasakti	[bimasakti]
Orsa (f) Maggiore	Ursa Major	[ursa madʒor]
Stella (f) Polare	Bintang Utara	[bintaŋ utara]
marziano (m)	makhluk Mars	[mahlu' mars]
extraterrestre (m)	makhluk ruang angkasa	[mahlu' ruaŋ aŋkasa]
alieno (m)	alien, makhluk asing	[alien], [mahlu' asiŋ]
disco (m) volante	piring terbang	[piriŋ tərbaŋ]
nave (f) spaziale	kapal antariksa	[kapal antariksa]

stazione (f) spaziale	stasiun antariksa	[stasiun antariksa]
lancio (m)	peluncuran	[peluntʃuran]
motore (m)	mesin	[mesin]
ugello (m)	nosel	[nosel]
combustibile (m)	bahan bakar	[bahan bakar]
cabina (f) di pilotaggio	kokpit	[kokpit]
antenna (f)	antena	[antena]
oblò (m)	jendela	[dʒʲendela]
batteria (f) solare	sel surya	[sel surja]
scafandro (m)	pakaian antariksa	[pakajan antariksa]
imponderabilità (f)	keadaan tanpa bobot	[keadaʔan tanpa bobot]
ossigeno (m)	oksigen	[oksigen]
aggancio (m)	penggabungan	[peŋgabuŋan]
agganciarsi (vr)	bergabung	[bərgabuŋ]
osservatorio (m)	observatorium	[observatorium]
telescopio (m)	teleskop	[teleskop]
osservare (vt)	mengamati	[məŋamati]
esplorare (vt)	mengeksplorasi	[məŋeksplorasi]

75. La Terra

la Terra	Bumi	[bumi]
globo (m) terrestre	bola Bumi	[bola bumi]
pianeta (m)	planet	[planet]
atmosfera (f)	atmosfer	[atmosfer]
geografia (f)	geografi	[geografi]
natura (f)	alam	[alam]
mappamondo (m)	globe	[globe]
carta (f) geografica	peta	[peta]
atlante (m)	atlas	[atlas]
Europa (f)	Eropa	[eropa]
Asia (f)	Asia	[asia]
Africa (f)	Afrika	[afrika]
Australia (f)	Australia	[australia]
America (f)	Amerika	[amerika]
America (f) del Nord	Amerika Utara	[amerika utara]
America (f) del Sud	Amerika Selatan	[amerika selatan]
Antartide (f)	Antartika	[antartika]
Artico (m)	Arktika	[arktika]

76. Punti cardinali

nord (m)	utara	[utara]
a nord	ke utara	[ke utara]

| al nord | di utara | [di utara] |
| del nord (agg) | utara | [utara] |

sud (m)	selatan	[selatan]
a sud	ke selatan	[ke selatan]
al sud	di selatan	[di selatan]
del sud (agg)	selatan	[selatan]

ovest (m)	barat	[barat]
a ovest	ke barat	[ke barat]
all'ovest	di barat	[di barat]
dell'ovest, occidentale	barat	[barat]

est (m)	timur	[timur]
a est	ke timur	[ke timur]
all'est	di timur	[di timur]
dell'est, orientale	timur	[timur]

77. Mare. Oceano

mare (m)	laut	[laut]
oceano (m)	samudra	[samudra]
golfo (m)	teluk	[telu']
stretto (m)	selat	[selat]

| terra (f) (terra firma) | daratan | [daratan] |
| continente (m) | benua | [benua] |

isola (f)	pulau	[pulau]
penisola (f)	semenanjung, jazirah	[semenandʒiuŋ], [dʒiazirah]
arcipelago (m)	kepulauan	[kepulauan]

baia (f)	teluk	[telu']
porto (m)	pelabuhan	[pelabuhan]
laguna (f)	laguna	[laguna]
capo (m)	tanjung	[tandʒiuŋ]

atollo (m)	pulau karang	[pulau karaŋ]
scogliera (f)	terumbu	[terumbu]
corallo (m)	karang	[karaŋ]
barriera (f) corallina	terumbu karang	[terumbu karaŋ]

profondo (agg)	dalam	[dalam]
profondità (f)	kedalaman	[kedalaman]
abisso (m)	jurang	[dʒiuraŋ]
fossa (f) (~ delle Marianne)	palung	[paluŋ]

| corrente (f) | arus | [arus] |
| circondare (vt) | berbatasan dengan | [berbatasan deŋan] |

litorale (m)	pantai	[pantaj]
costa (f)	pantai	[pantaj]
alta marea (f)	air pasang	[air pasaŋ]
bassa marea (f)	air surut	[air surut]

| banco (m) di sabbia | beting | [betiŋ] |
| fondo (m) | dasar | [dasar] |

onda (f)	gelombang	[gelombaŋ]
cresta (f) dell'onda	puncak gelombang	[puntʃa' gelombaŋ]
schiuma (f)	busa, buih	[busa], [buih]

tempesta (f)	badai	[badaj]
uragano (m)	topan	[topan]
tsunami (m)	tsunami	[tsunami]
bonaccia (f)	angin tenang	[aŋin tenaŋ]
tranquillo (agg)	tenang	[tenaŋ]

| polo (m) | kutub | [kutub] |
| polare (agg) | kutub | [kutub] |

latitudine (f)	lintang	[lintaŋ]
longitudine (f)	garis bujur	[garis budʒ'ur]
parallelo (m)	sejajar	[sedʒ'adʒ'ar]
equatore (m)	khatulistiwa	[hatulistiwa]

cielo (m)	langit	[laŋit]
orizzonte (m)	horizon	[horizon]
aria (f)	udara	[udara]

faro (m)	mercusuar	[mertʃusuar]
tuffarsi (vr)	menyelam	[menjelam]
affondare (andare a fondo)	karam	[karam]
tesori (m)	harta karun	[harta karun]

78. Nomi dei mari e degli oceani

Oceano (m) Atlantico	Samudra Atlantik	[samudra atlanti']
Oceano (m) Indiano	Samudra Hindia	[samudra hindia]
Oceano (m) Pacifico	Samudra Pasifik	[samudra pasifi']
mar (m) Glaciale Artico	Samudra Arktik	[samudra arkti']

mar (m) Nero	Laut Hitam	[laut hitam]
mar (m) Rosso	Laut Merah	[laut merah]
mar (m) Giallo	Laut Kuning	[laut kuniŋ]
mar (m) Bianco	Laut Putih	[laut putih]

mar (m) Caspio	Laut Kaspia	[laut kaspia]
mar (m) Morto	Laut Mati	[laut mati]
mar (m) Mediterraneo	Laut Tengah	[laut teŋah]

| mar (m) Egeo | Laut Aegean | [laut aegean] |
| mar (m) Adriatico | Laut Adriatik | [laut adriati'] |

mar (m) Arabico	Laut Arab	[laut arab]
mar (m) del Giappone	Laut Jepang	[laut dʒ'epaŋ]
mare (m) di Bering	Laut Bering	[laut bəriŋ]
mar (m) Cinese meridionale	Laut Cina Selatan	[laut tʃina selatan]
mar (m) dei Coralli	Laut Karang	[laut karaŋ]

| mar (m) di Tasman | Laut Tasmania | [laut tasmania] |
| mar (m) dei Caraibi | Laut Karibia | [laut karibia] |

| mare (m) di Barents | Laut Barents | [laut barents] |
| mare (m) di Kara | Laut Kara | [laut kara] |

mare (m) del Nord	Laut Utara	[laut utara]
mar (m) Baltico	Laut Baltik	[laut balti']
mare (m) di Norvegia	Laut Norwegia	[laut norwegia]

79. Montagne

monte (m), montagna (f)	gunung	[gunuŋ]
catena (f) montuosa	jajaran gunung	[dʒ'adʒ'aran gunuŋ]
crinale (m)	sisir gunung	[sisir gunuŋ]

cima (f)	puncak	[puntʃa']
picco (m)	puncak	[puntʃa']
piedi (m pl)	kaki	[kaki]
pendio (m)	lereng	[lereŋ]

vulcano (m)	gunung api	[gunuŋ api]
vulcano (m) attivo	gunung api yang aktif	[gunuŋ api yaŋ aktif]
vulcano (m) inattivo	gunung api yang tidak aktif	[gunuŋ api yaŋ tida' aktif]

eruzione (f)	erupsi, letusan	[erupsi], [letusan]
cratere (m)	kawah	[kawah]
magma (m)	magma	[magma]
lava (f)	lava, lahar	[lava], [lahar]
fuso (lava ~a)	pijar	[pidʒ'ar]

canyon (m)	kanyon	[kanjon]
gola (f)	jurang	[dʒ'uraŋ]
crepaccio (m)	celah	[tʃelah]
precipizio (m)	jurang	[dʒ'uraŋ]

passo (m), valico (m)	pass, celah	[pass], [tʃelah]
altopiano (m)	plato, dataran tinggi	[plato], [dataran tiŋgi]
falesia (f)	tebing	[tebiŋ]
collina (f)	bukit	[bukit]

ghiacciaio (m)	gletser	[gletser]
cascata (f)	air terjun	[air tərdʒ'un]
geyser (m)	geiser	[geyser]
lago (m)	danau	[danau]

pianura (f)	dataran	[dataran]
paesaggio (m)	landskap	[landskap]
eco (f)	gema	[gema]

alpinista (m)	pendaki gunung	[pendaki gunuŋ]
scalatore (m)	pemanjat tebing	[pemandʒ'at tebiŋ]
conquistare (~ una cima)	menaklukkan	[mənaklu'kan]
scalata (f)	pendakian	[pendakian]

80. Nomi delle montagne

Alpi (f pl)	Alpen	[alpen]
Monte (m) Bianco	Mont Blanc	[mon blan]
Pirenei (m pl)	Pirenia	[pirenia]
Carpazi (m pl)	Pegunungan Karpatia	[pegunuŋan karpatia]
gli Urali (m pl)	Pegunungan Ural	[pegunuŋan ural]
Caucaso (m)	Kaukasus	[kaukasus]
Monte (m) Elbrus	Elbrus	[elbrus]
Monti (m pl) Altai	Altai	[altaj]
Tien Shan (m)	Tien Shan	[tjen ʃan]
Pamir (m)	Pegunungan Pamir	[pegunuŋan pamir]
Himalaia (m)	Himalaya	[himalaja]
Everest (m)	Everest	[everest]
Ande (f pl)	Andes	[andes]
Kilimangiaro (m)	Kilimanjaro	[kilimandʒʲaro]

81. Fiumi

fiume (m)	sungai	[suŋaj]
fonte (f) (sorgente)	mata air	[mata air]
letto (m) (~ del fiume)	badan sungai	[badan suŋaj]
bacino (m)	basin	[basin]
sfociare nel ...	mengalir ke ...	[məŋalir ke ...]
affluente (m)	anak sungai	[ana' suŋaj]
riva (f)	tebing sungai	[tebiŋ suŋaj]
corrente (f)	arus	[arus]
a valle	ke hilir	[ke hilir]
a monte	ke hulu	[ke hulu]
inondazione (f)	banjir	[bandʒir]
piena (f)	banjir	[bandʒir]
straripare (vi)	membanjiri	[membandʒiri]
inondare (vt)	membanjiri	[membandʒiri]
secca (f)	beting	[betiŋ]
rapida (f)	jeram	[dʒʲeram]
diga (f)	dam, bendungan	[dam], [benduŋan]
canale (m)	kanal, terusan	[kanal], [terusan]
bacino (m) di riserva	waduk	[wadu']
chiusa (f)	pintu air	[pintu air]
specchio (m) d'acqua	kolam	[kolam]
palude (f)	rawa	[rawa]
pantano (m)	bencah, paya	[bentʃah], [paja]
vortice (m)	pusaran air	[pusaran air]
ruscello (m)	selokan	[selokan]

potabile (agg)	minum	[minum]
dolce (di acqua ~)	tawar	[tawar]

ghiaccio (m)	es	[es]
ghiacciarsi (vr)	membeku	[membeku]

82. Nomi dei fiumi

Senna (f)	Seine	[seine]
Loira (f)	Loire	[loire]

Tamigi (m)	Thames	[tems]
Reno (m)	Rein	[reyn]
Danubio (m)	Donau	[donau]

Volga (m)	Volga	[volga]
Don (m)	Don	[don]
Lena (f)	Lena	[lena]

Fiume (m) Giallo	Suang Kuning	[suaŋ kuniŋ]
Fiume (m) Azzurro	Yangtze	[yaŋtze]
Mekong (m)	Mekong	[mekoŋ]
Gange (m)	Gangga	[gaŋga]

Nilo (m)	Sungai Nil	[suŋaj nil]
Congo (m)	Kongo	[koŋo]
Okavango	Okavango	[okavaŋo]
Zambesi (m)	Zambezi	[zambezi]
Limpopo (m)	Limpopo	[limpopo]
Mississippi (m)	Mississippi	[misisipi]

83. Foresta

foresta (f)	hutan	[hutan]
forestale (agg)	hutan	[hutan]

foresta (f) fitta	hutan lebat	[hutan lebat]
boschetto (m)	hutan kecil	[hutan ketʃil]
radura (f)	pembukaan hutan	[pembuka'an hutan]

roveto (m)	semak belukar	[sema' belukar]
boscaglia (f)	belukar	[belukar]

sentiero (m)	jalan setapak	[dʒalan setapa']
calanco (m)	parit	[parit]

albero (m)	pohon	[pohon]
foglia (f)	daun	[daun]
fogliame (m)	daun-daunan	[daun-daunan]

caduta (f) delle foglie	daun berguguran	[daun berguguran]
cadere (vi)	luruh	[luruh]

cima (f)	puncak	[puntʃaˀ]
ramo (m), ramoscello (m)	cabang	[ʧabaŋ]
ramo (m)	dahan	[dahan]
gemma (f)	tunas	[tunas]
ago (m)	daun jarum	[daun dʒʲarum]
pigna (f)	buah pinus	[buah pinus]

cavità (f)	lubang pohon	[lubaŋ pohon]
nido (m)	sarang	[saraŋ]
tana (f) (del fox, ecc.)	lubang	[lubaŋ]

tronco (m)	batang	[bataŋ]
radice (f)	akar	[akar]
corteccia (f)	kulit	[kulit]
musco (m)	lumut	[lumut]

sradicare (vt)	mencabut	[mənʧabut]
abbattere (~ un albero)	menebang	[mənebaŋ]
disboscare (vt)	deforestasi, penggundulan hutan	[deforestasi], [pəŋgundulan hutan]
ceppo (m)	tunggul	[tuŋgul]

falò (m)	api unggun	[api uŋgun]
incendio (m) boschivo	kebakaran hutan	[kebakaran hutan]
spegnere (vt)	memadamkan	[memadamkan]

guardia (f) forestale	penjaga hutan	[pendʒaga hutan]
protezione (f)	perlindungan	[pərlinduŋan]
proteggere (~ la natura)	melindungi	[melinduŋi]
bracconiere (m)	pemburu ilegal	[pemburu ilegal]
tagliola (f) (~ per orsi)	perangkap	[pəraŋkap]

| raccogliere (vt) | memetik | [memetiˀ] |
| perdersi (vr) | tersesat | [tərsesat] |

84. Risorse naturali

risorse (f pl) naturali	sumber daya alam	[sumber daja alam]
minerali (m pl)	bahan tambang	[bahan tambaŋ]
deposito (m) (~ di carbone)	endapan	[endapan]
giacimento (m) (~ petrolifero)	ladang	[ladaŋ]

estrarre (vt)	menambang	[mənambaŋ]
estrazione (f)	pertambangan	[pərtambaŋan]
minerale (m) grezzo	bijih	[bidʒih]
miniera (f)	tambang	[tambaŋ]
pozzo (m) di miniera	sumur tambang	[sumur tambaŋ]
minatore (m)	penambang	[penambaŋ]

| gas (m) | gas | [gas] |
| gasdotto (m) | pipa saluran gas | [pipa saluran gas] |

| petrolio (m) | petroleum, minyak | [petroleum], [minjaˀ] |
| oleodotto (m) | pipa saluran minyak | [pipa saluran minjaˀ] |

torre (f) di estrazione	sumur minyak	[sumur minjaʔ]
torre (f) di trivellazione	menara bor minyak	[mənara bor minjaʔ]
petroliera (f)	kapal tangki	[kapal taŋki]
sabbia (f)	pasir	[pasir]
calcare (m)	batu kapur	[batu kapur]
ghiaia (f)	kerikil	[kerikil]
torba (f)	gambut	[gambut]
argilla (f)	tanah liat	[tanah liat]
carbone (m)	arang	[araŋ]
ferro (m)	besi	[besi]
oro (m)	emas	[emas]
argento (m)	perak	[peraʔ]
nichel (m)	nikel	[nikel]
rame (m)	tembaga	[tembaga]
zinco (m)	seng	[seŋ]
manganese (m)	mangan	[maŋan]
mercurio (m)	air raksa	[air raksa]
piombo (m)	timbal	[timbal]
minerale (m)	mineral	[mineral]
cristallo (m)	kristal, hablur	[kristal], [hablur]
marmo (m)	marmer	[marmer]
uranio (m)	uranium	[uranium]

85. Tempo

tempo (m)	cuaca	[ʧuaʧa]
previsione (f) del tempo	prakiraan cuaca	[prakiraʔan ʧuaʧa]
temperatura (f)	temperatur, suhu	[temperatur], [suhu]
termometro (m)	termometer	[termometer]
barometro (m)	barometer	[barometer]
umido (agg)	lembap	[lembap]
umidità (f)	kelembapan	[kelembapan]
caldo (m), afa (f)	panas, gerah	[panas], [gerah]
molto caldo (agg)	panas terik	[panas teriʔ]
fa molto caldo	panas	[panas]
fa caldo	hangat	[haŋat]
caldo, mite (agg)	hangat	[haŋat]
fa freddo	dingin	[diŋin]
freddo (agg)	dingin	[diŋin]
sole (m)	matahari	[matahari]
splendere (vi)	bersinar	[bersinar]
di sole (una giornata ~)	cerah	[ʧerah]
sorgere, levarsi (vr)	terbit	[terbit]
tramontare (vi)	terbenam	[terbenam]
nuvola (f)	awan	[awan]

nuvoloso (agg)	berawan	[bərawan]
nube (f) di pioggia	awan mendung	[awan menduŋ]
nuvoloso (agg)	mendung	[menduŋ]

pioggia (f)	hujan	[huʤ!an]
piove	hujan turun	[huʤ!an turun]
piovoso (agg)	hujan	[huʤ!an]
piovigginare (vi)	gerimis	[gerimis]

pioggia (f) torrenziale	hujan lebat	[huʤ!an lebat]
acquazzone (m)	hujan lebat	[huʤ!an lebat]
forte (una ~ pioggia)	lebat	[lebat]
pozzanghera (f)	kubangan	[kubaŋan]
bagnarsi (~ sotto la pioggia)	kehujanan	[kehuʤ!anan]

foschia (f), nebbia (f)	kabut	[kabut]
nebbioso (agg)	berkabut	[bərkabut]
neve (f)	salju	[salʤ!u]
nevica	turun salju	[turun salʤ!u]

86. Rigide condizioni metereologiche. Disastri naturali

temporale (m)	hujan badai	[huʤ!an badaj]
fulmine (f)	kilat	[kilat]
lampeggiare (vi)	berkilau	[bərkilau]

tuono (m)	petir	[petir]
tuonare (vi)	bergemuruh	[bərgemuruh]
tuona	bergemuruh	[bərgemuruh]

grandine (f)	hujan es	[huʤ!an es]
grandina	hujan es	[huʤ!an es]

inondare (vt)	membanjiri	[membanʤiri]
inondazione (f)	banjir	[banʤir]

terremoto (m)	gempa bumi	[gempa bumi]
scossa (f)	gempa	[gempa]
epicentro (m)	episentrum	[episentrum]

eruzione (f)	erupsi, letusan	[erupsi], [letusan]
lava (f)	lava, lahar	[lava], [lahar]

tromba (f) d'aria	puting beliung	[putiŋ beliuŋ]
tornado (m)	tornado	[tornado]
tifone (m)	topan	[topan]

uragano (m)	topan	[topan]
tempesta (f)	badai	[badaj]
tsunami (m)	tsunami	[tsunami]

ciclone (m)	siklon	[siklon]
maltempo (m)	cuaca buruk	[ʧuaʧa buruʔ]
incendio (m)	kebakaran	[kebakaran]

disastro (m)	**bencana**	[bentʃana]
meteorite (m)	**meteorit**	[meteorit]
valanga (f)	**longsor**	[loŋsor]
slavina (f)	**salju longsor**	[saldʒiu loŋsor]
tempesta (f) di neve	**badai salju**	[badaj saldʒiu]
bufera (f) di neve	**badai salju**	[badaj saldʒiu]

FAUNA

87. Mammiferi. Predatori

predatore (m)	predator, pemangsa	[predator], [pemaŋsa]
tigre (f)	harimau	[harimau]
leone (m)	singa	[siŋa]
lupo (m)	serigala	[serigala]
volpe (m)	rubah	[rubah]
giaguaro (m)	jaguar	[dʒʲaguar]
leopardo (m)	leopard, macan tutul	[leopard], [matʃan tutul]
ghepardo (m)	cheetah	[tʃeetah]
pantera (f)	harimau kumbang	[harimau kumbaŋ]
puma (f)	singa gunung	[siŋa gunuŋ]
leopardo (m) delle nevi	harimau bintang salju	[harimau bintaŋ saldʒʲu]
lince (f)	lynx	[links]
coyote (m)	koyote	[koyot]
sciacallo (m)	jakal	[dʒʲakal]
iena (f)	hiena	[hiena]

88. Animali selvatici

animale (m)	binatang	[binataŋ]
bestia (f)	binatang buas	[binataŋ buas]
scoiattolo (m)	bajing	[badʒiŋ]
riccio (m)	landak susu	[landa' susu]
lepre (f)	terwelu	[tərwelu]
coniglio (m)	kelinci	[kelintʃi]
tasso (m)	luak	[lua']
procione (f)	rakun	[rakun]
criceto (m)	hamster	[hamster]
marmotta (f)	marmut	[marmut]
talpa (f)	tikus mondok	[tikus mondo']
topo (m)	tikus	[tikus]
ratto (m)	tikus besar	[tikus besar]
pipistrello (m)	kelelawar	[kelelawar]
ermellino (m)	ermin	[ermin]
zibellino (m)	sabel	[sabel]
martora (f)	marten	[marten]
donnola (f)	musang	[musaŋ]
visone (m)	cerpelai	[tʃerpelaj]

castoro (m)	beaver	[beaver]
lontra (f)	berang-berang	[bəraŋ-bəraŋ]
cavallo (m)	kuda	[kuda]
alce (m)	rusa besar	[rusa besar]
cervo (m)	rusa	[rusa]
cammello (m)	unta	[unta]
bisonte (m) americano	bison	[bison]
bisonte (m) europeo	aurochs	[oroks]
bufalo (m)	kerbau	[kerbau]
zebra (f)	kuda belang	[kuda belaŋ]
antilope (f)	antelop	[antelop]
capriolo (m)	kijang	[kidʒiaŋ]
daino (m)	rusa	[rusa]
camoscio (m)	chamois	[ʃemva]
cinghiale (m)	babi hutan jantan	[babi hutan dʒiantan]
balena (f)	ikan paus	[ikan paus]
foca (f)	anjing laut	[andʒiŋ laut]
tricheco (m)	walrus	[walrus]
otaria (f)	anjing laut berbulu	[andʒiŋ laut bərbulu]
delfino (m)	lumba-lumba	[lumba-lumba]
orso (m)	beruang	[bəruaŋ]
orso (m) bianco	beruang kutub	[bəruaŋ kutub]
panda (m)	panda	[panda]
scimmia (f)	monyet	[monjet]
scimpanzè (m)	simpanse	[simpanse]
orango (m)	orang utan	[oraŋ utan]
gorilla (m)	gorila	[gorila]
macaco (m)	kera	[kera]
gibbone (m)	siamang, ungka	[siamaŋ], [uŋka]
elefante (m)	gajah	[gadʒiah]
rinoceronte (m)	badak	[badaʔ]
giraffa (f)	jerapah	[dʒierapah]
ippopotamo (m)	kuda nil	[kuda nil]
canguro (m)	kanguru	[kaŋuru]
koala (m)	koala	[koala]
mangusta (f)	garangan	[garaŋan]
cincillà (f)	chinchilla	[tʃintʃilla]
moffetta (f)	sigung	[siguŋ]
istrice (m)	landak	[landaʔ]

89. Animali domestici

gatta (f)	kucing betina	[kutʃiŋ betina]
gatto (m)	kucing jantan	[kutʃiŋ dʒiantan]
cane (m)	anjing	[andʒiŋ]

cavallo (m)	**kuda**	[kuda]
stallone (m)	**kuda jantan**	[kuda dʒˈantan]
giumenta (f)	**kuda betina**	[kuda betina]

mucca (f)	**sapi**	[sapi]
toro (m)	**sapi jantan**	[sapi dʒˈantan]
bue (m)	**lembu jantan**	[lembu dʒˈantan]

pecora (f)	**domba**	[domba]
montone (m)	**domba jantan**	[domba dʒˈantan]
capra (f)	**kambing betina**	[kambiŋ betina]
caprone (m)	**kambing jantan**	[kambiŋ dʒˈantan]

asino (m)	**keledai**	[keledaj]
mulo (m)	**bagal**	[bagal]

porco (m)	**babi**	[babi]
porcellino (m)	**anak babi**	[ana' babi]
coniglio (m)	**kelinci**	[kelintʃi]

gallina (f)	**ayam betina**	[ajam betina]
gallo (m)	**ayam jago**	[ajam dʒˈago]

anatra (f)	**bebek**	[bebe']
maschio (m) dell'anatra	**bebek jantan**	[bebe' dʒˈantan]
oca (f)	**angsa**	[aŋsa]

tacchino (m)	**kalkun jantan**	[kalkun dʒˈantan]
tacchina (f)	**kalkun betina**	[kalkun betina]

animali (m pl) domestici	**binatang piaraan**	[binataŋ piara'an]
addomesticato (agg)	**jinak**	[dʒina']
addomesticare (vt)	**menjinakkan**	[mǝndʒina'kan]
allevare (vt)	**membiakkan**	[membia'kan]

fattoria (f)	**peternakan**	[peternakan]
pollame (m)	**unggas**	[uŋgas]
bestiame (m)	**ternak**	[terna']
branco (m), mandria (f)	**kawanan**	[kawanan]

scuderia (f)	**kandang kuda**	[kandaŋ kuda]
porcile (m)	**kandang babi**	[kandaŋ babi]
stalla (f)	**kandang sapi**	[kandaŋ sapi]
conigliera (f)	**sangkar kelinci**	[saŋkar kelintʃi]
pollaio (m)	**kandang ayam**	[kandaŋ ajam]

90. Uccelli

uccello (m)	**burung**	[buruŋ]
colombo (m), piccione (m)	**burung dara**	[buruŋ dara]
passero (m)	**burung gereja**	[buruŋ geredʒˈa]
cincia (f)	**burung tit**	[buruŋ tit]
gazza (f)	**burung murai**	[buruŋ muraj]
corvo (m)	**burung raven**	[buruŋ raven]

cornacchia (f)	burung gagak	[buruŋ gaga']
taccola (f)	burung gagak kecil	[buruŋ gaga' ketʃil]
corvo (m) nero	burung rook	[buruŋ roo']

anatra (f)	bebek	[bebe']
oca (f)	angsa	[aŋsa]
fagiano (m)	burung kuau	[buruŋ kuau]

aquila (f)	rajawali	[radʒ¡awali]
astore (m)	elang	[elaŋ]
falco (m)	alap-alap	[alap-alap]
grifone (m)	hering	[heriŋ]
condor (m)	kondor	[kondor]

cigno (m)	angsa	[aŋsa]
gru (f)	burung jenjang	[buruŋ dʒ¡endʒ¡aŋ]
cicogna (f)	bangau	[baŋau]

pappagallo (m)	burung nuri	[buruŋ nuri]
colibrì (m)	burung kolibri	[buruŋ kolibri]
pavone (m)	burung merak	[buruŋ mera']

struzzo (m)	burung unta	[buruŋ unta]
airone (m)	kuntul	[kuntul]
fenicottero (m)	burung flamingo	[buruŋ flamiŋo]
pellicano (m)	pelikan	[pelikan]

usignolo (m)	burung bulbul	[buruŋ bulbul]
rondine (f)	burung walet	[buruŋ walet]

tordo (m)	burung jalak	[buruŋ dʒ¡ala']
tordo (m) sasello	burung jalak suren	[buruŋ dʒ¡ala' suren]
merlo (m)	burung jalak hitam	[buruŋ dʒ¡ala' hitam]

rondone (m)	burung apus-apus	[buruŋ apus-apus]
allodola (f)	burung lark	[buruŋ lar']
quaglia (f)	burung puyuh	[buruŋ puyuh]

picchio (m)	burung pelatuk	[buruŋ pelatu']
cuculo (m)	burung kukuk	[buruŋ kuku']
civetta (f)	burung hantu	[buruŋ hantu]
gufo (m) reale	burung hantu bertanduk	[buruŋ hantu bertandu']
urogallo (m)	burung murai kayu	[buruŋ muraj kaju]
fagiano (m) di monte	burung belibis hitam	[buruŋ belibis hitam]
pernice (f)	ayam hutan	[ajam hutan]

storno (m)	burung starling	[buruŋ starliŋ]
canarino (m)	burung kenari	[buruŋ kenari]
francolino (m) di monte	ayam hutan hazel	[ajam hutan hazel]

fringuello (m)	burung chaffinch	[buruŋ tʃaffintʃ]
ciuffolotto (m)	burung bullfinch	[buruŋ bullfintʃ]

gabbiano (m)	burung camar	[buruŋ tʃamar]
albatro (m)	albatros	[albatros]
pinguino (m)	penguin	[peŋuin]

91. Pesci. Animali marini

abramide (f)	ikan bream	[ikan bream]
carpa (f)	ikan karper	[ikan karper]
perca (f)	ikan tilapia	[ikan tilapia]
pesce (m) gatto	lais junggang	[lajs ʤ¡uŋgaŋ]
luccio (m)	ikan pike	[ikan paik]
salmone (m)	salmon	[salmon]
storione (m)	ikan sturgeon	[ikan sturʤ¡en]
aringa (f)	ikan haring	[ikan hariŋ]
salmone (m)	ikan salem	[ikan salem]
scombro (m)	ikan kembung	[ikan kembuŋ]
sogliola (f)	ikan sebelah	[ikan sebelah]
lucioperca (f)	ikan seligi tenggeran	[ikan seligi teŋgeran]
merluzzo (m)	ikan kod	[ikan kod]
tonno (m)	tuna	[tuna]
trota (f)	ikan forel	[ikan forel]
anguilla (f)	belut	[belut]
torpedine (f)	ikan pari listrik	[ikan pari listri']
murena (f)	belut moray	[belut morey]
piranha (f)	ikan piranha	[ikan piranha]
squalo (m)	ikan hiu	[ikan hiu]
delfino (m)	lumba-lumba	[lumba-lumba]
balena (f)	ikan paus	[ikan paus]
granchio (m)	kepiting	[kepitiŋ]
medusa (f)	ubur-ubur	[ubur-ubur]
polpo (m)	gurita	[gurita]
stella (f) marina	bintang laut	[bintaŋ laut]
riccio (m) di mare	landak laut	[landa' laut]
cavalluccio (m) marino	kuda laut	[kuda laut]
ostrica (f)	tiram	[tiram]
gamberetto (m)	udang	[udaŋ]
astice (m)	udang karang	[udaŋ karaŋ]
aragosta (f)	lobster berduri	[lobster berduri]

92. Anfibi. Rettili

serpente (m)	ular	[ular]
velenoso (agg)	berbisa	[berbisa]
vipera (f)	ular viper	[ular viper]
cobra (m)	kobra	[kobra]
pitone (m)	ular sanca	[ular sanʧa]
boa (m)	ular boa	[ular boa]
biscia (f)	ular tanah	[ular tanah]

| serpente (m) a sonagli | ular derik | [ular deriʔ] |
| anaconda (f) | ular anakonda | [ular anakonda] |

lucertola (f)	kadal	[kadal]
iguana (f)	iguana	[iguana]
varano (m)	biawak	[biawaʔ]
salamandra (f)	salamander	[salamander]
camaleonte (m)	bunglon	[buŋlon]
scorpione (m)	kalajengking	[kaladʒ'eŋkiŋ]

tartaruga (f)	kura-kura	[kura-kura]
rana (f)	katak	[kataʔ]
rospo (m)	kodok	[kodoʔ]
coccodrillo (m)	buaya	[buaja]

93. Insetti

insetto (m)	serangga	[seraŋga]
farfalla (f)	kupu-kupu	[kupu-kupu]
formica (f)	semut	[semut]
mosca (f)	lalat	[lalat]
zanzara (f)	nyamuk	[njamuʔ]
scarabeo (m)	kumbang	[kumbaŋ]

vespa (f)	tawon	[tawon]
ape (f)	lebah	[lebah]
bombo (m)	kumbang	[kumbaŋ]
tafano (m)	lalat kerbau	[lalat kerbau]

| ragno (m) | laba-laba | [laba-laba] |
| ragnatela (f) | sarang laba-laba | [saraŋ laba-laba] |

libellula (f)	capung	[tʃapuŋ]
cavalletta (f)	belalang	[belalaŋ]
farfalla (f) notturna	ngengat	[ŋeŋat]

scarafaggio (m)	kecoa	[ketʃoa]
zecca (f)	kutu	[kutu]
pulce (f)	kutu loncat	[kutu lontʃat]
moscerino (m)	agas	[agas]

locusta (f)	belalang	[belalaŋ]
lumaca (f)	siput	[siput]
grillo (m)	jangkrik	[dʒ'aŋkriʔ]
lucciola (f)	kunang-kunang	[kunaŋ-kunaŋ]
coccinella (f)	kumbang koksi	[kumbaŋ koksi]
maggiolino (m)	kumbang Cockchafer	[kumbaŋ kokʃafer]

sanguisuga (f)	lintah	[lintah]
bruco (m)	ulat	[ulat]
verme (m)	cacing	[tʃatʃiŋ]
larva (f)	larva	[larva]

FLORA

94. Alberi

albero (m)	pohon	[pohon]
deciduo (agg)	daun luruh	[daun luruh]
conifero (agg)	pohon jarum	[pohon dʒarum]
sempreverde (agg)	selalu hijau	[selalu hidʒau]
melo (m)	pohon apel	[pohon apel]
pero (m)	pohon pir	[pohon pir]
ciliegio (m)	pohon ceri manis	[pohon tʃeri manis]
amareno (m)	pohon ceri asam	[pohon tʃeri asam]
prugno (m)	pohon plum	[pohon plum]
betulla (f)	pohon berk	[pohon bər]
quercia (f)	pohon eik	[pohon ei]
tiglio (m)	pohon linden	[pohon linden]
pioppo (m) tremolo	pohon aspen	[pohon aspen]
acero (m)	pohon mapel	[pohon mapel]
abete (m)	pohon den	[pohon den]
pino (m)	pohon pinus	[pohon pinus]
larice (m)	pohon larch	[pohon lartʃ]
abete (m) bianco	pohon fir	[pohon fir]
cedro (m)	pohon aras	[pohon aras]
pioppo (m)	pohon poplar	[pohon poplar]
sorbo (m)	pohon rowan	[pohon rowan]
salice (m)	pohon dedalu	[pohon dedalu]
alno (m)	pohon alder	[pohon alder]
faggio (m)	pohon nothofagus	[pohon notofagus]
olmo (m)	pohon elm	[pohon elm]
frassino (m)	pohon abu	[pohon abu]
castagno (m)	kastanye	[kastanje]
magnolia (f)	magnolia	[magnolia]
palma (f)	palem	[palem]
cipresso (m)	pokok cipres	[poko' sipres]
mangrovia (f)	bakau	[bakau]
baobab (m)	baobab	[baobab]
eucalipto (m)	kayu putih	[kaju putih]
sequoia (f)	sequoia	[sekuoia]

95. Arbusti

cespuglio (m)	rumpun	[rumpun]
arbusto (m)	semak	[sema']

vite (f)	pohon anggur	[pohon aŋgur]
vigneto (m)	kebun anggur	[kebun aŋgur]
lampone (m)	pohon frambus	[pohon frambus]
ribes (m) nero	pohon blackcurrant	[pohon bleʔkaren]
ribes (m) rosso	pohon redcurrant	[pohon redkaren]
uva (f) spina	pohon arbei hijau	[pohon arbei hidʒʲau]
acacia (f)	pohon akasia	[pohon akasia]
crespino (m)	pohon barberis	[pohon barberis]
gelsomino (m)	melati	[melati]
ginepro (m)	pohon juniper	[pohon dʒʲuniper]
roseto (m)	pohon mawar	[pohon mawar]
rosa (f) canina	pohon mawar liar	[pohon mawar liar]

96. Frutti. Bacche

frutto (m)	buah	[buah]
frutti (m pl)	buah-buahan	[buah-buahan]
mela (f)	apel	[apel]
pera (f)	pir	[pir]
prugna (f)	plum	[plum]
fragola (f)	stroberi	[stroberi]
amarena (f)	buah ceri asam	[buah tʃeri asam]
ciliegia (f)	buah ceri manis	[buah tʃeri manis]
uva (f)	buah anggur	[buah aŋgur]
lampone (m)	buah frambus	[buah frambus]
ribes (m) nero	blackcurrant	[bleʔkaren]
ribes (m) rosso	redcurrant	[redkaren]
uva (f) spina	buah arbei hijau	[buah arbei hidʒʲau]
mirtillo (m) di palude	buah kranberi	[buah kranberi]
arancia (f)	jeruk manis	[dʒʲeruʔ manis]
mandarino (m)	jeruk mandarin	[dʒʲeruʔ mandarin]
ananas (m)	nanas	[nanas]
banana (f)	pisang	[pisaŋ]
dattero (m)	buah kurma	[buah kurma]
limone (m)	jeruk sitrun	[dʒʲeruʔ sitrun]
albicocca (f)	aprikot	[aprikot]
pesca (f)	persik	[persiʔ]
kiwi (m)	kiwi	[kiwi]
pompelmo (m)	jeruk Bali	[dʒʲeruʔ bali]
bacca (f)	buah beri	[buah bəri]
bacche (f pl)	buah-buah beri	[buah-buah bəri]
mirtillo (m) rosso	buah cowberry	[buah kowberi]
fragola (f) di bosco	stroberi liar	[stroberi liar]
mirtillo (m)	buah bilberi	[buah bilberi]

97. Fiori. Piante

fiore (m)	bunga	[buŋa]
mazzo (m) di fiori	buket	[buket]
rosa (f)	mawar	[mawar]
tulipano (m)	tulip	[tulip]
garofano (m)	bunga anyelir	[buŋa anjelir]
gladiolo (m)	bunga gladiol	[buŋa gladiol]
fiordaliso (m)	cornflower	[kornflawa]
campanella (f)	bunga lonceng biru	[buŋa lontʃeŋ biru]
soffione (m)	dandelion	[dandelion]
camomilla (f)	bunga margrit	[buŋa margrit]
aloe (m)	lidah buaya	[lidah buaja]
cactus (m)	kaktus	[kaktus]
ficus (m)	pohon ara	[pohon ara]
giglio (m)	bunga lili	[buŋa lili]
geranio (m)	geranium	[geranium]
giacinto (m)	bunga bakung lembayung	[buŋa bakuŋ lembajuŋ]
mimosa (f)	putri malu	[putri malu]
narciso (m)	bunga narsis	[buŋa narsis]
nasturzio (m)	bunga nasturtium	[buŋa nasturtium]
orchidea (f)	anggrek	[aŋgreʔ]
peonia (f)	bunga peoni	[buŋa peoni]
viola (f)	bunga violet	[buŋa violet]
viola (f) del pensiero	bunga pansy	[buŋa pansi]
nontiscordardimé (m)	bunga jangan-lupakan-daku	[buŋa dʒʲaŋan-lupakan-daku]
margherita (f)	bunga desi	[buŋa desi]
papavero (m)	bunga madat	[buŋa madat]
canapa (f)	rami	[rami]
menta (f)	mint	[min]
mughetto (m)	lili lembah	[lili lembah]
bucaneve (m)	bunga tetesan salju	[buŋa tetesan saldʒʲu]
ortica (f)	jelatang	[dʒʲelataŋ]
acetosa (f)	daun sorrel	[daun sorrel]
ninfea (f)	lili air	[lili air]
felce (f)	pakis	[pakis]
lichene (m)	lichen	[litʃen]
serra (f)	rumah kaca	[rumah katʃa]
prato (m) erboso	halaman berumput	[halaman berumput]
aiuola (f)	bedeng bunga	[bedeŋ buŋa]
pianta (f)	tumbuhan	[tumbuhan]
erba (f)	rumput	[rumput]

filo (m) d'erba	sehelai rumput	[sehelaj rumput]
foglia (f)	daun	[daun]
petalo (m)	kelopak	[kelopaʔ]
stelo (m)	batang	[bataŋ]
tubero (m)	ubi	[ubi]

| germoglio (m) | tunas | [tunas] |
| spina (f) | duri | [duri] |

fiorire (vi)	berbunga	[bərbuŋa]
appassire (vi)	layu	[laju]
odore (m), profumo (m)	bau	[bau]
tagliare (~ i fiori)	memotong	[memotoŋ]
cogliere (vt)	memetik	[memetiʔ]

98. Cereali, granaglie

grano (m)	biji-bijian	[bidʒi-bidʒian]
cereali (m pl)	padi-padian	[padi-padian]
spiga (f)	bulir	[bulir]

frumento (m)	gandum	[gandum]
segale (f)	gandum hitam	[gandum hitam]
avena (f)	oat	[oat]
miglio (m)	jawawut	[dʒʲawawut]
orzo (m)	jelai	[dʒʲelaj]

mais (m)	jagung	[dʒʲaguŋ]
riso (m)	beras	[beras]
grano (m) saraceno	buckwheat	[bakvit]

pisello (m)	kacang polong	[katʃaŋ poloŋ]
fagiolo (m)	kacang buncis	[katʃaŋ buntʃis]
soia (f)	kacang kedelai	[katʃaŋ kedelaj]
lenticchie (f pl)	kacang lentil	[katʃaŋ lentil]
fave (f pl)	kacang-kacangan	[katʃaŋ-katʃaŋan]

PAESI

99. Paesi. Parte 1

Afghanistan (m)	Afghanistan	[afganistan]
Albania (f)	Albania	[albania]
Arabia Saudita (f)	Arab Saudi	[arab saudi]
Argentina (f)	Argentina	[argentina]
Armenia (f)	Armenia	[armenia]
Australia (f)	Australia	[australia]
Austria (f)	Austria	[austria]
Azerbaigian (m)	Azerbaijan	[azerbajdʒian]
Le Bahamas	Kepulauan Bahama	[kepulauan bahama]
Bangladesh (m)	Bangladesh	[baŋladeʃ]
Belgio (m)	Belgia	[belgia]
Bielorussia (f)	Belarusia	[belarusia]
Birmania (f)	Myanmar	[myanmar]
Bolivia (f)	Bolivia	[bolivia]
Bosnia-Erzegovina (f)	Bosnia-Hercegovina	[bosnia-hersegovina]
Brasile (m)	Brasil	[brasil]
Bulgaria (f)	Bulgaria	[bulgaria]
Cambogia (f)	Kamboja	[kambodʒia]
Canada (m)	Kanada	[kanada]
Cile (m)	Chili	[tʃili]
Cina (f)	Tiongkok	[tjoŋkoʔ]
Cipro (m)	Siprus	[siprus]
Colombia (f)	Kolombia	[kolombia]
Corea (f) del Nord	Korea Utara	[korea utara]
Corea (f) del Sud	Korea Selatan	[korea selatan]
Croazia (f)	Kroasia	[kroasia]
Cuba (f)	Kuba	[kuba]
Danimarca (f)	Denmark	[denmarʔ]
Ecuador (m)	Ekuador	[ekuador]
Egitto (m)	Mesir	[mesir]
Emirati (m pl) Arabi	Uni Emirat Arab	[uni emirat arab]
Estonia (f)	Estonia	[estonia]
Finlandia (f)	Finlandia	[finlandia]
Francia (f)	Prancis	[prantʃis]

100. Paesi. Parte 2

Georgia (f)	Georgia	[dʒordʒia]
Germania (f)	Jerman	[dʒierman]
Ghana (m)	Ghana	[gana]
Giamaica (f)	Jamaika	[dʒiamajka]

Giappone (m)	Jepang	[dʒ'epaŋ]
Giordania (f)	Yordania	[yordania]
Gran Bretagna (f)	Britania Raya	[britania raja]
Grecia (f)	Yunani	[yunani]

Haiti (m)	Haiti	[haiti]
India (f)	India	[india]
Indonesia (f)	Indonesia	[indonesia]
Inghilterra (f)	Inggris	[iŋgris]
Iran (m)	Iran	[iran]
Iraq (m)	Irak	[ira']
Irlanda (f)	Irlandia	[irlandia]
Islanda (f)	Islandia	[islandia]
Israele (m)	Israel	[israel]
Italia (f)	Italia	[italia]

Kazakistan (m)	Kazakistan	[kazakstan]
Kenya (m)	Kenya	[kenia]
Kirghizistan (m)	Kirgizia	[kirgizia]
Kuwait (m)	Kuwait	[kuweyt]

Laos (m)	Laos	[laos]
Lettonia (f)	Latvia	[latvia]
Libano (m)	Lebanon	[lebanon]
Libia (f)	Libia	[libia]
Liechtenstein (m)	Liechtenstein	[lajhtensteyn]
Lituania (f)	Lituania	[lituania]
Lussemburgo (m)	Luksemburg	[luksemburg]

Macedonia (f)	Makedonia	[makedonia]
Madagascar (m)	Madagaskar	[madagaskar]
Malesia (f)	Malaysia	[malajsia]
Malta (f)	Malta	[malta]
Marocco (m)	Maroko	[maroko]
Messico (m)	Meksiko	[meksiko]
Moldavia (f)	Moldova	[moldova]
Monaco (m)	Monako	[monako]
Mongolia (f)	Mongolia	[moŋolia]
Montenegro (m)	Montenegro	[montenegro]

Namibia (f)	Namibia	[namibia]
Nepal (m)	Nepal	[nepal]
Norvegia (f)	Norwegia	[norwegia]
Nuova Zelanda (f)	Selandia Baru	[selandia baru]

101. Paesi. Parte 3

Paesi Bassi (m pl)	Belanda	[belanda]
Pakistan (m)	Pakistan	[pakistan]
Palestina (f)	Palestina	[palestina]
Panama (m)	Panama	[panama]
Paraguay (m)	Paraguay	[paraguaj]
Perù (m)	Peru	[peru]
Polinesia (f) Francese	Polinesia Prancis	[polinesia prantʃis]

| Polonia (f) | Polandia | [polandia] |
| Portogallo (f) | Portugal | [portugal] |

Repubblica (f) Ceca	Republik Ceko	[republiˀ tʃeko]
Repubblica (f) Dominicana	Republik Dominika	[republiˀ dominika]
Repubblica (f) Sudafricana	Afrika Selatan	[afrika selatan]
Romania (f)	Romania	[romania]
Russia (f)	Rusia	[rusia]

Scozia (f)	Skotlandia	[skotlandia]
Senegal (m)	Senegal	[senegal]
Serbia (f)	Serbia	[serbia]
Siria (f)	Suriah	[suriah]
Slovacchia (f)	Slowakia	[slowakia]
Slovenia (f)	Slovenia	[slovenia]

Spagna (f)	Spanyol	[spanjol]
Stati (m pl) Uniti d'America	Amerika Serikat	[amerika serikat]
Suriname (m)	Suriname	[suriname]
Svezia (f)	Swedia	[swedia]
Svizzera (f)	Swiss	[swiss]

Tagikistan (m)	Tajikistan	[tadʒikistan]
Tailandia (f)	Thailand	[tajland]
Taiwan (m)	Taiwan	[tajwan]
Tanzania (f)	Tanzania	[tanzania]
Tasmania (f)	Tasmania	[tasmania]
Tunisia (f)	Tunisia	[tunisia]
Turchia (f)	Turki	[turki]
Turkmenistan (m)	Turkmenistan	[turkmenistan]

Ucraina (f)	Ukraina	[ukrajna]
Ungheria (f)	Hongaria	[hoŋaria]
Uruguay (m)	Uruguay	[uruguaj]
Uzbekistan (m)	Uzbekistan	[uzbekistan]

Vaticano (m)	Vatikan	[vatikan]
Venezuela (f)	Venezuela	[venezuela]
Vietnam (m)	Vietnam	[vjetnam]
Zanzibar	Zanzibar	[zanzibar]

www.ingramcontent.com/pod-product-compliance
Lightning Source LLC
Chambersburg PA
CBHW070823050426

42452CB00011B/2166